O Escriba

SILAS

FRANCINE RIVERS

O Escriba

SILAS

Tradução
Eliana Rocha

Principis

Traduzido do original em inglês
The scribe - sons of encouragement 5

Texto
Francine Rivers

Editora
Michele de Souza Barbosa

Tradução
Eliana Rocha

Preparação
Walter Sagardoy

Produção editorial
Ciranda Cultural

Diagramação
Linea Editora

Revisão
Mônica Glasser

Design de capa
Ana Dobón

Imagens
Vuk Kostic/shutterstock.com

Dados Internacionais de Catalogação na Publicação (CIP) de acordo com ISBD

R622e Rivers, Francine.

O escriba: Silas / Francine Rivers ; traduzido por Eliana Rocha. - Jandira, SP : Principis, 2023.
224 p. ; 15,50cm x 22,60cm. - (Filhos da coragem ; vol. 5).

Título original: The scribe - Sons of encouragement.
ISBN: 978-65-5097-115-1

1. Literatura americana. 2. Religiosidade. 3. Velho testamento. 4. Crença. 5. Histórias bíblicas. I. Rocha, Eliana. II. Título. III. Série.

CDD 810
2023-1618 CDU 821.111(73)

Elaborado por Lucio Feitosa - CRB-8/8803

Índice para catálogo sistemático:
1. Literatura americana 823
2. Literatura americana 821.111(73)

1ª edição em 2024
www.cirandacultural.com.br

Aos homens de fé que serviram
à sombra de outros.

SUMÁRIO

AGRADECIMENTOS

Quero agradecer a meu marido, Rick Rivers, por ouvir minhas ideias, me desafiar e me encorajar no curso desta série. Também quero agradecer a Peggy Lynch, que sabia as perguntas a fazer para me levar a cavar mais fundo as Escrituras para novos *insights*. Meus agradecimentos especiais a Kathy Olson por suas habilidades de edição e seus conselhos para melhorar o manuscrito. E, por último, mas não menos importante, deixo minha gratidão a toda a equipe da Tyndale pelo trabalho que realizam ao apresentar estas histórias aos leitores. É um esforço de equipe do começo ao fim.

A todos vocês que oraram por mim ao longo dos anos e no curso deste projeto em particular, obrigada. Que o Senhor use esta história para aproximar as pessoas de Jesus, nosso amado Senhor e Salvador!

INTRODUÇÃO

Caro leitor,

Este é o quarto de cinco romances sobre homens de fé que serviram à sombra de outros. Eram orientais que viveram nos tempos antigos e, ainda assim, suas histórias se aplicam à nossa vida e às questões difíceis que enfrentamos no mundo de hoje. Eles estavam no limite. Tiveram coragem. Correram riscos. Fizeram o inesperado. Viveram com ousadia e às vezes cometeram erros – grandes erros. Esses homens não eram perfeitos, e ainda assim Deus, em sua infinita misericórdia, os usou em seu plano perfeito para revelar-se ao mundo.

Vivemos tempos desesperados e conturbados, quando milhões procuram por respostas. Esses homens apontam o caminho. As lições que podemos aprender com eles são tão válidas hoje como quando eles viviam, há milhares de anos.

São homens históricos, que realmente existiram. Suas histórias, como eu as contei, baseiam-se em relatos bíblicos. Para os fatos que conhecemos sobre a vida de Silas, ver na *Bíblia* Atos 15,22–19,10; 2 Coríntios 1,19; 1 Tessalonicenses 1,1; 2 Tessalonicenses 1,1; e 1 Pedro 5,12.

Este livro é também uma obra de ficção histórica, e seu contorno é fornecido pela *Bíblia*, na qual encontrei as informações oferecidas a nós. Sobre essa base, criei ações, diálogos, motivações internas e, em alguns casos, personagens adicionais consistentes com o registro bíblico. Tentei permanecer fiel à mensagem bíblica, acrescentando apenas o que foi necessário para auxiliar nossa compreensão da mensagem.

Ao final de cada romance, incluí uma breve seção de estudo. A autoridade máxima sobre as pessoas da *Bíblia* é a própria *Bíblia*. Encorajo você a lê-la, para maior compreensão. Oro para que, enquanto a lê, você se conscientize da continuidade, da consistência e da confirmação do plano de Deus para as eras – um plano que inclui você.

Francine Rivers

PRÓLOGO

Desgostoso com o peso das notícias que trazia, Silas caminhou até a casa onde Pedro e a esposa estavam escondidos. Depois de bater três vezes, de leve, entrou na sala em que muitas vezes se encontrava com irmãos e irmãs em Cristo ou orava por longas horas quando estava sozinho. Encontrou Pedro e a esposa em oração. Quando a esposa de Pedro levantou a cabeça, seu sorriso desapareceu.

Silas a ajudou a se levantar.

– Temos de ir – disse ele gentilmente e virou-se para ajudar Pedro. – Paulo foi capturado. Soldados estão na cidade procurando por você. Precisa partir esta noite.

Enquanto saíam, Silas explicou:

– Apeles está comigo. Ele lhe mostrará o caminho.

– E você? – perguntou Pedro, com grande preocupação. – Deve vir conosco, Silas. Você serviu como secretário de Paulo, assim como meu. Estarão procurando por você também.

– Eu seguirei em breve. Estava trabalhando em um pergaminho quando Apeles me trouxe a notícia. Devo ter certeza de que a tinta está seca antes que eu possa embalá-lo com os outros.

Pedro assentiu gravemente, e Silas entrou na casa em que estava hospedado. Todos os rolos de papiro, exceto aquele no qual trabalhava, já estavam enrolados e guardados cuidadosamente em estojos de couro. Silas sabia que chegaria o dia em que teria que agarrar o pacote e correr. Levantando os pesos que mantinham aberto o pergaminho mais recente, ele o enrolou e o guardou com cuidado no estojo. Enquanto jogava a mochila no ombro, sentiu todo o peso da responsabilidade de salvaguardar as cartas.

Quando saiu para a rua, Pedro, a esposa e Apeles o esperavam. Silas correu para eles.

– Por que ainda estão aqui?

Apeles parecia frenético.

– Eles não iriam longe sem você!

Dividido entre a gratidão pela lealdade dos amigos e o medo por sua segurança, Silas os encorajou.

– Temos de nos apressar!

Apeles estava claramente aliviado por estar se movendo novamente. Deu mais instruções em um sussurro urgente.

– Temos uma carruagem esperando do lado de fora dos portões da cidade. Achamos melhor esperar até o anoitecer, quando a proibição dos vagões for suspensa. Será mais fácil escapar.

Pedro era muito conhecido em Roma e seria facilmente reconhecido. Eles teriam uma chance melhor de escapar em meio ao fluxo confuso de mercadorias para a cidade e com a proteção da escuridão além dos muros.

Pedro caminhava com dificuldade, abraçado protetoramente à esposa.

– Quando a guarda veio buscar Paulo?

– Eles o levaram para a masmorra esta manhã. – Apeles levantou a mão quando chegaram ao fim da rua. Espiou ao redor da esquina e então acenou para eles. O jovem fez um esforço para parecer calmo, mas Silas percebeu seu temor. Seu coração também batia, cheio de pressentimentos. Se fosse capturado, Pedro seria preso e executado, provavelmente em algum espetáculo odioso projetado por Nero para entreter a multidão romana.

– Silas… – a esposa de Pedro sussurrou, com urgência.

Silas olhou para trás e viu que Pedro lutava para respirar. Ele alcançou Apeles e agarrou seu ombro.

– Mais devagar, meu amigo, ou vamos perder o que estamos tentando salvar.

Pedro puxou a esposa para mais perto e lhe sussurrou algo. Ela o abraçou com força e chorou em seu ombro. Pedro sorriu para Silas e falou:

– Agora seria um bom momento para Deus me dar asas como uma águia.

Apeles os conduziu mais lentamente pelos becos escuros e ruas estreitas. Ratos se alimentavam de lixo enquanto eles passavam. Os sons das rodas da carroça ficaram audíveis. Enquanto a cidade dormia, uma maré de gente se derramou pelos portões, levando mercadorias para os insaciáveis mercados romanos. Alguns conduziam carroças sobrecarregadas; outros empurravam carrinhos. Outros ainda levavam mochilas pesadas nas costas curvadas.

Tão perto da liberdade, pensou Silas, vendo os portões abertos logo à frente. Será que poderiam passar sem ser reconhecidos?

Apeles os reuniu.

– Esperem aqui enquanto me certifico de que é seguro. – E desapareceu entre carros e carroças.

O coração de Silas bateu mais forte. O suor escorria por suas costas. Cada minuto que estivessem na rua pública aumentava o perigo para Pedro. Ele viu o rosto pálido e tenso de Apeles quando atravessava a multidão.

O jovem apontou.

– Para aquele lado. Vá agora! Rápido!

Silas liderou o caminho. Seu coração deu um salto quando um dos guardas romanos se virou e olhou para ele. Um irmão cristão. Graças a Deus! O romano fez um aceno de cabeça e se virou.

– Agora! – Silas abriu caminho para Pedro e a esposa. As pessoas esbarravam neles. Alguém praguejou. Uma roda de carroça quase esmagou o pé de Silas.

Uma vez fora dos portões e longe do muro, ele deixou que Pedro estabelecesse o ritmo.

Depois de uma hora na estrada, encontraram dois amigos.

– Estamos esperando há horas! Pensamos que você tinha sido preso!

Silas chamou um deles de lado.

– Pedro e a esposa estão exaustos. Faça com que o instrutor nos encontre na estrada.

Um permaneceu para escoltá-los, enquanto o outro correu na frente.

Quando a carruagem chegou, Silas ajudou Pedro e a esposa e depois subiu com eles. Com dor nos ombros, livrou-se da mochila pesada e se inclinou para trás quando partiram. O som do galope dos cavalos acalmou seus nervos em frangalhos. Pedro e a esposa estavam seguros, por enquanto. Os romanos vasculhariam a cidade primeiro, dando-lhes tempo de chegar a Óstia, onde os três embarcariam no primeiro navio a sair do porto. Só Deus sabia para onde iriam em seguida.

Pedro parecia perturbado. A esposa pegou-lhe a mão.

– O que é, Pedro?

– Não me sinto bem.

– Você está doente? – Silas quis saber, preocupado. – A corrida durante a noite teria sido demais para o venerável apóstolo?

– Não, mas tenho de parar.

A esposa expressou uma objeção antes que Silas pudesse fazê-lo.

– Mas, meu marido...

Pedro olhou para Silas.

– Como deseja. – Silas se inclinou para sinalizar ao cocheiro, porém a esposa de Pedro o agarrou.

– Não, Silas! Por favor! Se eles capturarem Pedro, você sabe o que farão.

Pedro a puxou de volta e a abraçou.

– Deus não nos deu uma alma medrosa, minha querida, e foi isso que nos fez sair correndo na escuridão.

Silas bateu na lateral da carruagem. Inclinando-se, pediu para o cocheiro parar. A carruagem sacudiu e balançou quando se dirigiu para a beira da estrada. Ignorando o choro da esposa, Pedro desceu. Silas o seguiu. Os cavalos bufavam e moviam-se, inquietos. Silas deu de ombros à pergunta do cocheiro ao ver Pedro sair da estrada.

A esposa de Pedro desceu e pediu que o amigo fosse com ele.

– Convença-o, por favor! A igreja precisa dele.

Silas caminhou até a beira do campo e observou Pedro. Por que ele se demorava ali?

O velho apóstolo estava no meio de um campo enluarado, orando. Ou pelo menos foi o que Silas pensou até que Pedro parou e baixou a cabeça ligeiramente. Quantas vezes ao longo dos anos Silas vira Pedro fazer isso quando alguém falava com ele? Silas se aproximou, e por um segundo algo brilhou fracamente ao luar. Cada nervo em seu corpo formigou, consciente. Pedro não estava sozinho. O Senhor estava com ele.

Pedro baixou a cabeça e falou algo. Silas ouviu as palavras tão claramente como se estivesse ao lado do velho pescador: "Sim, senhor".

Quando Pedro se virou, Silas aproximou-se dele, tremendo.

– O que devemos fazer?

– Devo voltar a Roma.

Silas viu desmoronar todos os planos feitos para proteger Pedro.

– Se voltar, você vai morrer lá. – *Senhor, certamente não este homem.*

– Sim. Vou morrer em Roma. Assim como Paulo.

Lágrimas brotaram nos olhos de Silas. *Ambos, Senhor?*

– Precisamos de sua voz, Pedro.

– Minha voz? – Ele balançou a cabeça.

Silas sabia que era inútil tentar dissuadir o velho pescador de cumprir o desejo do Senhor.

– Como Deus quiser, Pedro. Retornaremos a Roma juntos.

– Não. Eu vou voltar. Você vai ficar para trás.

Silas sentiu o rosto empalidecer. E disse, quase perdendo a voz:

– Não vou fugir para salvar a vida quando meus amigos mais próximos enfrentam a morte!

Pedro colocou a mão no braço de Silas.

– Sua vida lhe pertence, Silas? Pertencemos ao Senhor. Deus me chamou de volta a Roma. Ele lhe dirá o que fazer quando chegar a hora.

– Não posso deixá-lo voltar sozinho!

– Não estou sozinho. O Senhor está comigo. Aconteça o que acontecer, meu amigo, somos um em Cristo Jesus. Deus faz com que todas as coisas atuem juntas para o bem daqueles que o amam e são chamados de acordo com o seu propósito.

– E se o crucificarem?

Pedro balançou a cabeça.

– Não sou digno de morrer da mesma forma que o Senhor.

– Eles farão tudo o que puderem para acabar com você, Pedro. Você sabe disso!

– Eu sei, Silas. Jesus me disse anos atrás como eu morreria. Ore por mim, meu amigo. Ore para que eu permaneça firme até o fim. – Quando Silas abriu a boca para continuar argumentando, Pedro levantou a mão. – Não mais, Silas. Não nos cabe questionar o plano do Senhor, meu amigo, mas segui-lo. Devo ir para onde Deus me conduz.

– Não vou abandoná-lo, Pedro. – Silas lutou para manter a voz firme. – Juro diante de Deus.

– Jurei a mesma coisa uma vez. – Os olhos de Pedro brilharam de lágrimas. – Não cumpri minha promessa.

Pedro ordenou ao cocheiro que fizesse a carruagem voltar. A esposa insistiu em voltar com ele.

– Onde quer que você vá, eu irei.

– Pedro então a ajudou a entrar na carruagem e subiu para sentar-se ao lado dela.

Determinado a não ser deixado para trás, Silas subiu. Pedro colocou o estojo de pergaminhos nos braços dele. O peso fez Silas recuar. Os estojos caíram. Enquanto Silas corria para apanhá-los, Pedro fechou e trancou a porta da carruagem e bateu na lateral. O cocheiro chicoteou os flancos dos cavalos.

– Espere! – Silas gritou.

Pedro olhou para ele.

– Que o Senhor o abençoe e o proteja. Que o Senhor lhe mostre seu favor e lhe dê paz.

Frenético, Silas recuperou os pergaminhos e enfiou-os no estojo.

– Espere! – gritou novamente.

Jogando a mochila no ombro, Silas correu em direção à carruagem. Quando ele alcançou a parte traseira, o cocheiro deu um grito áspero e estalou o chicote. Os cavalos partiram a galope, deixando Silas sufocando na poeira.

UM

Silas estava sentado à sua escrivaninha. "Por quê?", sua mente gritou, enquanto seus sonhos desmoronavam de dor e derrota. Apertando as mãos, ele tentou acalmar o tremor. Não se atreveu a misturar a tinta ou a tentar escrever, pois apenas estragaria um rolo novo de papiro. Respirou lentamente, mas não conseguiu acalmar a fúria das emoções.

– Senhor, por que sempre acaba nisso? – Descansando os cotovelos na mesa, cobriu o rosto com as mãos. Não conseguiu apagar as imagens horríveis: a esposa de Pedro gritando e Pedro chamando-a, angustiado, de onde estava preso. *"Lembre-se do Senhor! Lembre-se do Senhor!"*

A multidão romana zombando do grande pescador da Galileia.

Silas gemeu: *Oh, Senhor! Mesmo que eu fosse cego, teria ouvido a ira de Satanás contra a humanidade naquela arena, a alegria lasciva com o derramamento de sangue. Ele mata homens, e eles o ajudam a fazer isso!*

Silas sentiu-se novamente traspassado pela lembrança de ver Cristo crucificado. Na época, Silas havia duvidado se Jesus era o Messias, mas mesmo assim tinha ficado horrorizado com a crueldade dos hebreus celebrando a morte de um companheiro judeu e com o fato de que eles pudessem odiar tanto um dos seus a ponto de zombar dele pendurado na cruz, irreconhecível depois de ser espancado. Tinham ficado ali zombando, com desprezo:

– Ele salvou os outros, mas não pôde salvar-se!

Então, Silas tentou ver além deste mundo, assim como Estêvão havia feito, quando membros do sumo conselho o apedrejaram do lado de fora dos portões de Jerusalém. Mas tudo que Silas viu foi a cegueira dos homens, o triunfo do mal. *Estou cansado, Senhor. Estou farto desta vida. Todos os seus apóstolos, exceto João, estão sendo martirizados. Sobrou mais alguém que viu seu rosto?*

Senhor, por favor, leve-me para casa, eu lhe imploro. Não me deixe aqui entre essas pessoas miseráveis. Quero voltar para casa com você.

Seus olhos arderam quando ele colocou as mãos trêmulas sobre os ouvidos.

– Perdoe-me, Senhor. Perdoe-me. Estou com medo, admito. Estou aterrorizado. Não pela morte, mas por *morrer*. – Mesmo agora, Silas podia ouvir os ecos na colina do Vaticano, onde ficava o circo de Nero.

Diante da esposa morta, viu Pedro baixar a cabeça e chorar.

A multidão aplaudiu quando uma cruz foi trazida.

– Sim! Crucifiquem-no! Crucifiquem-no!

A voz de Pedro ressoou acima do barulho.

– *Não sou digno de morrer como meu Senhor! Não sou digno!*

– Covarde! – gritaram os romanos. – Ele implora por sua vida.

Os romanos, tão dispostos a venerar a coragem, não a reconheceram no homem que tinham diante deles. Lançavam maldições e clamavam por mais tortura.

– Empalem-no!

– Queimem-no vivo!

– Atirem-no aos leões!

O velho pescador havia deixado as praias da Galileia para jogar a rede do amor de Deus e salvar as massas que se afogavam no pecado. Mas o povo nadava na corrente de Satanás. Pedro não pediu uma morte mais fácil, apenas diferente da que seu precioso Senhor havia sofrido.

Pedro nunca tinha esquecido seu pecado e muitas vezes o contara a Silas.

– O Senhor disse que eu o negaria três vezes antes que o galo cantasse, e foi exatamente o que eu fiz.

Quando os romanos pregaram Pedro na cruz, Silas tinha baixado a cabeça. Não podia assistir.

Eu o traí da maneira que ele o traiu, Senhor? Eu lhe faltei em uma hora de necessidade?

Quando olhou novamente, viu o centurião inclinado sobre Pedro, ouvindo-lhe o coração. O romano endireitou-se e ficou parado por um momento antes de convocar dois outros. Eles ergueram a cruz. O corpo de Pedro se contorceu em agonia, mas ele não emitiu nenhum som.

O grupo de soldados se esforçou na tarefa de virar a cruz de cabeça para baixo.

A multidão ficou quieta, e naquele único momento Pedro gritou, a voz profunda percorrendo as fileiras de espectadores.

– Perdoe-os, Pai! Eles não sabem o que fazem.

As palavras do Mestre.

Lágrimas brotaram nos olhos de Silas. Ele se valera de toda a vontade para ficar no arco do corredor superior e manter os olhos fixos no sofrimento de Pedro. *"Ore quando eu enfrentar minha morte, Silas"*, Pedro tinha lhe pedido semanas antes de sua captura. *"Ore para que eu permaneça fiel até o fim."*

E assim Silas orou, ferozmente, determinado, angustiado, com medo.

Senhor, se alguma vez eu chegar a isso, deixe-me perseverar na fé até o fim, como fez Pedro. Não me deixe renegar o que sei! Você é o caminho, a verdade e a vida. Senhor, conforte meu amigo em sua agonia. Senhor, dê ao seu servo amado Pedro a força para se agarrar firmemente à sua fé. Senhor, deixe-o vê-lo como Estêvão viu! Encha-o com a alegria do regresso à casa. Fale com ele agora, Senhor. Por favor, diga aquelas palavras que todos nós desejamos ouvir: "Bom trabalho, meu servo fiel".

Ele foi, Senhor. Seu servo Pedro foi fiel.

Deus, eu lhe imploro que esta seja a última execução que eu testemunhe!

Na noite anterior, Silas havia despertado, certo de ter ouvido a voz de Paulo ditando outra carta. Aliviado, alegre, ele tinha saltado da cama.

– Paulo! – O sonho fora tão vívido que ele levou um momento para enxergar a verdade. Quando isso aconteceu, pareceu um golpe físico. *Paulo está morto.*

Silas colocou as mãos espalmadas sobre a escrivaninha.

– Você é a ressurreição e a vida. – Ele devia se lembrar. – A ressurreição. – Quais foram as palavras que João disse quando se encontraram pela última vez em Éfeso? "Quem crê em Jesus terá..." *Não. Não está certo.* "Quem acredita no Filho de Deus tem a vida eterna." As palavras de Paulo ecoaram em sua mente. "Quando estávamos totalmente desamparados, Cristo morreu por nós, pecadores." A convicção de João clamava por ele. "Amem-se uns aos outros..."

Um grito do lado de fora fez Silas enrijecer. Estariam vindo à sua procura? Enfrentaria outra prisão, outra flagelação, mais tortura? *Se eu tentar escapar do sofrimento dizendo-lhes que sou um cidadão romano, isso fará de mim um covarde? É verdade, mas desprezo tudo neste império. Odeio que, mesmo minimamente, eu seja parte dele. Senhor, eu já fui forte uma vez. Eu fui. Não mais...*

A voz de Paulo ecoou novamente. *Quando estou fraco, então estou forte...*

Silas agarrou a cabeça.

– Você, meu amigo, não eu...

Não conseguia pensar claramente ali, nos confins de Roma, com a cacofonia de vozes, pisoteio, gritos dos vendedores. A multidão sempre insaciável em seus calcanhares. *Tenho de sair daqui! Tenho de sair deste lugar!*

Ele se esforçou para reunir seus materiais de escrita e alguns bens. Os pergaminhos! Precisava proteger os pergaminhos!

Com o coração acelerado, Silas deixou a sala pequena e sufocante.

Como se estivesse esperando por ele, o proprietário o avistou no momento em que saía pela porta.

– Ei, você! – Ele atravessou a rua estreita. – Para onde está indo?

– Minha tarefa aqui está terminada.

– Você não parece bem. Talvez devesse ficar mais alguns dias.

Silas olhou para ele. O homem não se importava com sua saúde. Dinheiro era tudo o que ele queria, mais dinheiro.

O barulho das ruas parecia mais alto ao redor dele. Havia caras de lobo em toda parte. A prole de Rômulo e Remo enchia a rua. Silas olhou para as pessoas andando de um lado para o outro, falando, gritando, rindo, discutindo. Ali viviam os pobres, massas amontoadas e famintas que precisavam de muito mais do que comida. Exalavam descontentamento, xingando uns aos outros à menor provocação. Aquele era o povo de Roma, apaziguado com esportes de sangue, que mantinham sua mente ocupada na falta de grãos.

Silas olhou nos olhos do proprietário. Paulo teria lhe dito palavras de vida. Pedro teria lhe falado de Jesus.

– O quê? – O proprietário franziu a testa.

Que morra, pensou Silas. *Por que lançar pérolas aos porcos?*

– Talvez eu esteja com febre – disse ele. – Ela varreu a vila onde estive algumas semanas atrás. – Era verdade. Melhor do que dizer: "Fui aos jogos três dias atrás e vi dois dos meus amigos mais próximos serem executados. Tudo o que quero agora é ficar longe desta cidade miserável. E, se toda a população de Roma for sugada para o inferno, vou gritar louvores a Deus por sua destruição!".

Como Silas esperava, o proprietário recuou, alarmado.

– Febre? Sim, você deve ir.

– Sim, devo. – Silas deu um sorriso forçado. – Pragas se espalham rapidamente em ruas estreitas, não é? – *Especialmente a praga do pecado.* – Paguei por uma semana, não paguei?

O homem empalideceu.

– Não lembro.

– Achei que não lembraria. – Silas colocou a mochila no ombro e partiu.

Após vários dias de caminhada, Silas chegou a Puteoli. Não tinha mais a resistência nem o coração que já tivera.

Caminhou em direção ao porto e vagou pelo mercado. *Para onde devo ir, Senhor?* Sinais brilhavam, sinalizando a chegada de navios de grãos, provavelmente do Egito. Trabalhadores passavam por ele, apressados para descarregar os sacos de grãos e levá-los para a pesagem. Outras embarcações estavam ancoradas mais afastadas, onde os naviculários controlavam as operações entre os navios e a terra. As mercadorias vinham de todo o império para abastecer os mercados romanos: milho, gado, vinho e lã da Sicília; cavalos da Espanha; escravos da Britânia e da Germânia; mármore da Grécia; tapetes multicoloridos de Assur. O porto era um bom lugar onde perder-se e encontrar algo de que se precisava.

Os aromas faziam a cabeça de Silas girar: maresia, esterco, especiarias, vinho e suor humano. As gaivotas grasnavam no céu enquanto os peixes eram empilhados em uma carroça. Os pregoeiros anunciavam as mercadorias à venda. As ovelhas baliam nos apriscos. Cães selvagens da Britânia rosnavam em caixotes. Escravos estrangeiros eram exibidos nus em plataformas, suando ao sol ao serem leiloados. Um deles tentou livrar-se das correntes, enquanto uma mulher e o filho eram afastados. Embora ele gritasse em uma língua estranha, sua angústia era bem compreendida. O choro da mulher se transformou em gritos histéricos quando o filho foi arrancado dela. Ela tentou alcançá-lo, mas foi arrastada em outra direção. A criança chorava de terror, os braços estendidos para a mãe.

Com a garganta apertada, Silas se virou. Não podia escapar da injustiça e da miséria. Estavam ao seu redor, ameaçando sufocá-lo. A semente do pecado, plantada séculos atrás no Jardim do Éden, havia se enraizado e espalhado seus rebentos de maldade por toda parte. E todos se banqueteavam com esse venenoso fruto que não lhes traria nada além de morte.

Era fim de tarde quando ele viu um símbolo familiar esculpido em um poste de uma barraca cheia de barris de azeitonas e cestos de romãs, tâmaras, figos e nozes. Seu estômago roncou. Sua boca encheu-se de água. Ele não tinha comido nada desde que saíra de Três Tavernas havia dois dias.

Ele ouviu a barganha do proprietário com uma mulher.

– Você sabe que essas são as melhores tâmaras de todo o império.

– E você sabe que não posso pagar um preço tão alto.

Não houve gritos nem fúria. Era uma ocorrência comum nos mercados. Ela fez uma oferta; ele recusou. Ela balançou a cabeça e fez outra oferta. Ele riu e fez outro preço. Quando chegaram a um acordo, o proprietário pegou um punhado de tâmaras secas e o colocou na balança. Colocou-as em um pano que a mulher lhe entregou e recebeu o pagamento. Enquanto ela se afastava, ele voltou a atenção para Silas.

– Azeitonas? Tâmaras?

Silas balançou a cabeça. Tinha gastado sua última moeda em um pão. Olhou para o símbolo esculpido no poste. Será que aquele pirata sorridente o colocara lá? Antes que ele pudesse encontrar uma maneira de perguntar, o homem levantou a cabeça e franziu a testa.

– Conheço você, não é?

– Nunca nos conhecemos.

– Você me parece familiar.

O coração de Silas disparou. Ele pensou em se afastar, mas para onde iria?

– Sou amigo de Teófilo.

Os olhos do homem se iluminaram.

– Ah! – Ele sorriu. – Como ele está?

– Nada bem. – Silas deu um passo atrás, pensando que poderia cometer um erro ao dizer qualquer coisa ao homem.

O mercador olhou de um lado para o outro e chamou Silas para mais perto.

– Silas. Esse não é o seu nome?

Silas empalideceu.

– Não fique angustiado, meu amigo – disse o homem rapidamente, baixando a voz. – Ouvi você pregar uma vez, em Corinto, anos atrás, cinco, talvez seis. Você parece cansado. Está com fome?

Silas não soube responder.

O homem pegou algumas tâmaras e figos e os colocou nas mãos de Silas.

– Vá até o final da rua e vire à esquerda. Siga essa rua até o fim. Ela vai enrolar como uma serpente antes de você chegar ao seu destino. Passe duas fontes. Pegue a primeira rua à direita logo depois. Bata na porta da terceira casa. Pergunte por Epaneto.

Seria capaz de se lembrar de tudo isso ou vagaria por Puteoli toda a noite?

– Quem devo dizer que me enviou?

– Desculpe-me. Na emoção de conhecê-lo, esqueci de me apresentar. – Ele riu. – Sou Urbano. – Ele inclinou-se e disse rispidamente: – Você é a resposta a muitas orações.

Silas sentiu o peso das expectativas do homem.

– Pedro está morto.

Urbano fez um gesto solene.

– Ouvimos dizer.

– Tão cedo? Como?

– Notícia ruim chega rápido. Nosso irmão Pátrobas chegou anteontem. Não conseguiu encontrá-lo nas catacumbas.

Pátrobas. Silas o conhecia bem.

– Eu temia que alguém pudesse segui-lo e outros fossem levados.

– Temíamos que você tivesse sido preso. – Urbano agarrou os braços de Silas. – Deus respondeu nossas orações. Você está bem. Não esperávamos a bênção adicional de sua presença aqui.

Bênção? Aquele homem se lembrou de seu rosto de um único encontro. E se outros, inimigos, também o reconhecessem como escriba de Pedro? Sua presença podia pôr em perigo irmãos e irmãs.

Senhor, tudo pelo que trabalhamos será destruído em um banho de sangue?

Urbano se inclinou para mais perto.

– Não fique tão preocupado, meu amigo. Puteoli é uma cidade movimentada. Todo mundo está de olho nos negócios e quase em nada mais. Pessoas vêm e vão. – Ele repetiu a direção, lentamente dessa vez. – Eu lhe mostraria o caminho, mas não posso confiar minha barraca a outros. São todos ladrões... assim como eu já fui. – Ele riu novamente e deu um tapa no ombro de Silas. – Vá. Vou vê-lo mais tarde. – E chamou um grupo de mulheres que passavam. – Venham! Vejam que boas azeitonas eu tenho! As melhores do império.

Urbano não mentira. Duas tâmaras e um figo lhe diminuíram a fome e tinham um gosto melhor do que qualquer coisa que ele tinha comido em Roma. Ele guardou o resto na bolsa amarrada ao cinto.

O dia estava quente, e Silas sentiu o suor lhe escorrer pelas costas enquanto caminhava. As barracas dos comerciantes deram lugar às ruas ladeadas de cortiços. Com os ombros doendo, ele mudou a mochila de lugar. Ao longo dos anos, carregara cargas muito mais pesadas, mas o peso dos pergaminhos parecia aumentar a cada passo.

Um criado abriu a porta quando ele bateu. O olhar inescrutável analisou Silas da cabeça empoeirada até os pés calçados de sandálias.

– Estou procurando a casa de Epaneto.

– Esta é a casa de Epaneto. Quem devo dizer ao mestre que chegou?

– Um amigo de Teófilo.

O criado abriu mais a porta.

– Eu sou Macombo. Venha. Entre. – Ele fechou a porta firmemente atrás de Silas. – Espere aqui. – E se afastou.

Era a casa de um homem rico. Corredores ladeados de pilares e paredes com afrescos. Um pátio descoberto com a estátua de mármore branco de uma mulher derramando água de uma urna. O som da água fez Silas perceber sua sede. Ele engoliu em seco. Ansiava por tirar a mochila dos ombros e sentar-se.

Passos se aproximavam. Ouviu-se a batida apressada de sandálias. Um homem alto e de ombros largos atravessou o pátio. Seu cabelo curto era grisalho, e suas feições, fortemente esculpidas.

– Sou Epaneto.

– Urbano me enviou.

– Que Urbano seria esse?

A cautela era previsível.

– Da ágora. – Silas abriu a bolsa e tirou um punhado de tâmaras gordas.

– Ah, sim. Epaneto riu. – As melhores tâmaras e figos de todo o império. – Ele estendeu as mãos. – Seja bem-vindo.

Silas recebeu a saudação, sabendo que sua resposta seria menos entusiasmada.

– Venha. – Epaneto deu uma ordem silenciosa a Macombo e então conduziu Silas pelo pátio, atravessou um arco e entrou em outra área da casa. Várias pessoas estavam sentadas em uma grande sala. Silas reconheceu uma delas.

Pátrobas se levantou imediatamente.

– Silas! – Com um amplo sorriso, veio abraçá-lo. – Temíamos que você estivesse perdido para nós. – Ele recuou e manteve uma mão firmemente no braço de Silas, enquanto se dirigia aos outros. – Deus respondeu a nossas orações.

Eles o cercaram. As saudações sinceras puseram por terra as últimas defesas de Silas. Com os ombros caídos, ele baixou a cabeça e chorou.

Ninguém falou por um momento, e então todos falaram ao mesmo tempo.

– Sirva-lhe um pouco de vinho.

– Você está exausto.

– Sente-se. Coma alguma coisa.

– Macombo, coloque a bandeja aqui.

Pátrobas franziu a testa e guiou Silas.

– Descanse aqui.

Quando alguém tentou pegar sua mochila, Silas instintivamente agarrou-a com mais força.

– Não!

– Você está seguro aqui – disse Epaneto. – Considere que está em sua casa.

– Devo proteger estes pergaminhos. – Silas sentiu vergonha por aquele seu gesto.

– Coloque o pacote aqui ao seu lado – disse Pátrobas. – Ninguém vai tocá-lo, a menos que você o permita.

Exausto, Silas sentou-se. Não via nada além de amor e compaixão nos rostos que o cercavam. Uma mulher olhou para ele com os olhos cheios de lágrimas. A preocupação dela o atingiu.

– Cartas. – Ele conseguiu tirar a mochila dos ombros e colocá-la ao lado. – Cópias das que Paulo enviou aos coríntios. E de Pedro. – Ele parou de falar. Cobriu o rosto, tentando recuperar o controle, mas não conseguiu. Os soluços sacudiram-lhe os ombros.

Alguém lhe apertou o ombro. Choraram com ele, o amor não deixando espaço para constrangimento.

– Nosso amigo está com o Senhor. – A voz de Pátrobas estava entrecortada de tanta dor.

– Sim. Ninguém pode fazer mal a ele ou à esposa, agora.

– Eles estão na presença do Senhor.

Como desejo estar, Silas quis gritar. *Oh, para ver o rosto de Jesus de novo!* Pôr fim às provações, ao medo, ao ataque da dúvida quando menos esperava. *Estou perdendo a batalha dentro de mim, Senhor.*

– Devemos nos apegar ao que sabemos ser verdade.

Eram palavras de Paulo, ditas havia tanto tempo, quando estavam sentados em uma masmorra, cercados pela escuridão, com seus corpos atados e com a dor de chicotadas brutais.

– Aguente firme – ele tinha dito.

– Estou tentando – Silas gemeu.

– O que ele está dizendo?

Silas balbuciou:

– Jesus morreu por nossos pecados e ressuscitou da sepultura ao terceiro dia… – Mas tudo o que ele podia ver era o Senhor na cruz, Paulo decapitado,

Pedro crucificado. Ele pressionou as palmas das mãos nos olhos.

– Ele está doente.

– Psiu...

– Silas.

– Dessa vez era uma mão firme, uma mão romana. Uma bandeja com comida foi colocada diante dele. Epaneto e Pátrobas o encorajaram a comer.

Silas pegou o pão com as mãos trêmulas e o partiu. *Este é o meu corpo.* Tremendo, ele segurou as duas metades.

– Atrevo-me a comer?

Sussurros de preocupação.

Epaneto derramou vinho em uma taça e a estendeu para ele.

– Beba.

Silas olhou para o fluido vermelho. *Este é o meu sangue.* Ele se lembrou de Jesus na cruz, sangue e água se derramando da ferida feita pela lança em seu torso. Ele se lembrou de Pedro pendurado de cabeça para baixo.

A dor apertou seu peito. Seu coração disparou cada vez mais rápido. A sala escureceu.

– Silas!

Ele ouviu o rugido da turba romana. Mãos o agarraram. *Assim seja, Senhor. Se eu morrer, o sofrimento terá fim. E descanso. Por favor, Senhor. Deixe-me descansar.*

– Silas! Dessa vez era a voz de uma mulher. Perto. Ele sentiu a respiração dela no rosto. – Não nos deixe.

Vozes acima e ao redor dele, e então silêncio.

Silas despertou confuso. Uma lâmpada de barro ardia em uma estante. Alguém se aproximou. Uma mão fria pousou em sua testa. Silas gemeu e fechou os olhos, sentindo a garganta apertada e ardendo. Um braço forte deslizou por baixo dele e o ergueu.

– Beba. – Macombo levou uma xícara aos lábios de Silas.

Algo quente e adoçado com mel.

– Um pouco mais. Vai ajudá-lo a dormir.

Silas se lembrou e lutou para se levantar.

– Onde estão elas? Onde? As cartas!

– Aqui. – Macombo levantou a mochila.

Silas a pegou e apertou, suspirando enquanto voltava a se deitar.

– Ninguém vai tirar nada de você, meu amigo.

Vozes iam e vinham, junto com os sonhos. Paulo falou com ele por meio de uma fogueira. Lucas fez um curativo em seus ferimentos. Cantavam enquanto seguiam pela estrada romana. Ele despertou ao ouvir passos e adormeceu novamente. Paulo andava de um lado para o outro, agitado. Silas balançou a cabeça.

– Se você descansar, meu amigo, e orar, as palavras virão.

Vozes novamente, agora familiares. Macombo e Epaneto.

– Com quem ele está falando?

– Não sei.

– Silas...

Ele abriu os olhos. Ali estava uma mulher, com a luz do sol brilhando às suas costas. Quando ela se aproximou, ele franziu a testa.

– Não a conheço.

– Sou Diana. Você está dormindo há muito tempo.

– Diana... – Ele tentou se lembrar. Tinha visto o rosto dela, mas onde?

Ela colocou a mão no ombro dele.

– Vou ficar aqui sentada com você um tempo.

– Como ele está? – perguntou Epaneto, de algum lugar próximo.

– Ele não tem febre.

– Dor?

– Os sonhos o perturbam.

O tempo passou; quanto, Silas não sabia nem se importava. Despertou novamente com vozes no corredor fora do quarto.

– Não é apenas a exaustão que o faz dormir tanto. É a tristeza.

– Dê-lhe tempo. Ele encontrará força no Senhor.

Murmúrios e depois a voz de Macombo.

– Ele parece pouco interessado em comida ou bebida.

– Eu o ouvi falar em Corinto – disse Urbano, o mercador pirata que vendia as melhores tâmaras do império. – Ele foi magnífico. Pense na honra que o Senhor nos concedeu enviando-o para cá. Silas viu Jesus em carne e osso.

– E o viu crucificado – falou Pátrobas calmamente, mas com firmeza.

– E ressuscitar! Só ouvimos falar do Senhor. Nunca o vimos face a face. Nunca comemos ou andamos com ele...

Silas colocou o braço sobre os olhos.

– Deixe-o descansar um pouco mais antes de tentar acordá-lo. Faz apenas três dias, e ele suportou mais do que qualquer um de nós...

Três dias! Por mais que Silas pudesse desejar escapar da tristeza deste mundo, não podia ansiar pelo céu. Ele se abaixou. O pacote de pergaminhos preciosos estava ao lado dele. Seu corpo doeu quando ele se sentou. Silas esfregou o rosto. Articulações e músculos gritaram quando se levantou. Ele mexeu os ombros e se espreguiçou lentamente. Levantando as mãos em louvor, orou. *Este é um dia que você criou, Senhor, e nele me regozijarei.* Talvez não se sentisse assim, mas ele o faria em obediência. Obediência relutante.

Obstinado, determinado, ele pegou a mochila e seguiu o som de vozes que ficavam mais distantes. Parou no arco de uma grande sala. Homens e mulheres de todas as idades estavam sentados, desfrutando de uma refeição. Silas ficou à sombra, no corredor, estudando-os. Viu carne em uma travessa de cerâmica fina e frutas sendo passadas em uma cesta simples tecida. Todos tinham trazido algo para compartilhar.

Um banquete de amor.

Silas lembrou-se das reuniões em Jerusalém, no primeiro ano após a ascensão de Jesus, a emoção, a alegria, a caridade entre irmãos e irmãs.

Jerusalém! Como desejava estar em casa, naqueles dias idílicos.

Mas, mesmo que pudesse voltar para a Judeia, sabia que nada seria igual. A perseguição tinha levado os seguidores de Jesus para outras cidades e províncias, deixando para trás facções judaicas que guerreavam constantemente entre si. Um dia, Roma faria a paz entre eles, com o exército, o modo como Roma sempre fazia a paz. Se ao menos eles ouvissem!

Jesus havia advertido sobre a destruição de Jerusalém. João tinha contado a Lucas o que Jesus dissera, e Lucas escrevera tudo na história que estava coletando. O bom médico tinha trabalhado duro durante os anos que Silas o conhecera, quando ambos viajaram com Paulo. Um homem educado, curioso. Um médico talentoso. Paulo teria morrido várias vezes se não fossem os cuidados de Lucas. *E eu junto com ele.*

Lucas tinha escapado de Roma? Tinha voltado para Corinto ou Éfeso?

A carta mais recente de Timóteo dizia que João estava morando em Éfeso. Maria, mãe de Jesus, morava com ele. Seus filhos, Tiago e Judas, que passaram a crer quando viram a ressurreição de Cristo, haviam se juntado aos apóstolos no conselho em Jerusalém.

– Silas!

Acordado de seu devaneio, Silas viu Epaneto atravessar o quarto.

– Venha. Junte-se a nós.

Pátrobas se levantou, assim como vários outros. Epaneto levou Silas a um lugar de honra. Diana levantou-se e preparou um prato de comida para ele. Ela sorriu, olhando em seus olhos quando ele agradeceu. Um garoto sentado ao lado dela sussurrou em seu ouvido.

– Agora não, Curiatus – ela respondeu.

Todos falavam ao mesmo tempo, até que Epaneto riu e levantou as mãos.

– Silêncio, todos! Deem a Silas tempo de comer antes de atacá-lo com perguntas.

Voltaram a conversar, mas Silas sentiu os olhares sobre ele. Em silêncio, deu graças a Deus pelo que fora colocado diante dele. Carne de porco e, a julgar pela qualidade, de porco engordado em florestas de carvalhos. Uma iguaria romana e impura pela lei mosaica. Ele serviu-se de algumas frutas. Mesmo agora, anos depois de ser libertado da lei mosaica, tinha dificuldade de comer carne de porco.

Outros chegaram: uma família com vários filhos, um jovem casal, dois homens mais velhos... A sala se encheu. E todos queriam conhecê-lo, apertar-lhe a mão.

Silas se sentiu sozinho no meio deles, preso dentro de si mesmo, cativo de pensamentos que zumbiam como abelhas furiosas. Ansiava pela solidão, mas sabia quão ingrato seria levantar-se e deixá-los agora. E para onde poderia ir, além daquela sala silenciosa com seus ricos arredores que o lembravam de coisas que ele se esforçara para esquecer?

Todos terminaram de comer, e ele perdera o apetite. Sentia suas expectativas, a fome de ouvi-lo falar.

Curiatus falou primeiro.

– Você conheceu o Senhor Jesus, não foi? – O menino ignorou a mão da mãe em seu braço. – Poderia nos falar sobre ele?

E então os outros começaram.

– Conte-nos tudo, Silas.

– Como ele era?

– Qual era sua aparência?

– O que você sentiu quando estava na presença dele?

– E os apóstolos? Você conheceu todos eles, não é? Como eles eram?

E o menino de novo, suplicante.

– Você vai nos ensinar como ensinou os outros?

Silas não havia pregado centenas de vezes em dezenas de cidades, de Jerusalém a Antioquia, e em Tessalônica? Não tinha contado a história de Jesus crucificado e ressuscitado para pequenas e grandes multidões, alguns louvando a Deus, outros zombando e hostis? Não havia trabalhado com Timóteo no ensino dos coríntios? Tinha viajado milhares de quilômetros ao lado de Paulo, fundando igrejas em cidade após cidade.

No entanto, ali entre irmãos e irmãs amigáveis e hospitaleiros, não conseguia pensar em nada para dizer.

Olhou de um rosto para outro, tentando escolher os pensamentos, tentando decidir por onde começar, quando tudo o que podia ver em sua mente era Pedro pendurado de cabeça para baixo, o sangue formando uma poça cada vez maior abaixo dele.

Todos olhavam para ele, esperando, ansiosos.

– Eu temo... – Não conseguiu falar. Era como se mãos fortes estivessem lhe apertando o pescoço. Ele engoliu convulsivamente e esperou até que a sensação passasse. –Temo colocar vocês em perigo. – Era verdade, mas duvidou que o entendessem. – Paulo foi decapitado; Pedro, crucificado. Os apóstolos estão dispersos, em sua maioria martirizados. Ninguém pode substituir essas grandes testemunhas de Deus. Ninguém pode proferir a mensagem de Cristo tão eficazmente quanto eles.

– Você falou com grande eficácia em Corinto – disse Urbano. – Cada palavra sua penetrou em meu coração.

– É o Espírito Santo que o penetrou, não eu. E isso foi há muito tempo, quando eu era mais jovem e mais forte do que sou hoje. – Mais forte no corpo; mais forte na fé. Seus olhos turvaram-se de lágrimas. – Há alguns dias, em Roma, assisti a um querido amigo ter uma morte horrível, porque carrégava o testemunho de Deus. Acho que não posso continuar...

– Você era o secretário de Pedro – disse Pátrobas.

Palavras sedutoras. Eles queriam atraí-lo.

– Sim, e minha presença traz perigo para todos vocês.

– Um perigo que saudamos, Silas. – Os demais murmuraram, concordando com a declaração firme de Epaneto.

– Por favor, nos ensine – voltou a dizer o menino.

Ele não era muito mais jovem do que Timóteo quando Silas o conheceu. Diana olhou para ele com seus lindos olhos escuros cheios de compaixão, o coração apertado. O que dizer para fazê-los entender o que ele mesmo não entendia? *Oh Senhor, não posso falar sobre crucificação. Não posso falar sobre a cruz... Nem a sua nem a de Pedro.*

Silas balançou a cabeça, mantendo os olhos baixos.

– Lamento, não posso pensar com clareza suficiente para ensinar. – Ele se atrapalhou com o pacote ao seu lado. – Mas trouxe cartas. – Cópias exatas que tinha feito dos originais. Ele olhou para Epaneto, desesperado, apelando a ele como anfitrião. – Talvez alguém aqui possa ler as cartas.

– Sim. É claro. – Sorrindo, Epaneto se levantou.

Silas pegou uma carta e, com a mão trêmula, estendeu-a ao romano.

Epaneto leu uma das cartas de Paulo aos coríntios. Quando terminou, segurou o pergaminho por um momento antes de enrolá-lo cuidadosamente e devolvê-lo a Silas. – Ansiávamos por algo como isso.

Silas guardou cuidadosamente o pergaminho.

– Podemos ler outro? – Curiatus havia se aproximado.

– Escolha um.

Pátrobas leu uma das cartas de Pedro. Silas tinha feito muitas cópias dela e as enviado a muitas das igrejas que tinha ajudado Paulo a inaugurar.

– Pedro deixa claro que você foi de grande ajuda para ele, Silas.

Silas ficou emocionado com o elogio de Diana e cauteloso por causa de seus sentimentos.

– As palavras são de Pedro.

– Lindamente escritas em grego – disse Pátrobas. – Dificilmente a língua nativa de Pedro.

O que ele poderia dizer sem soar arrogante? Sim, ele havia ajudado Pedro a refinar seus pensamentos e a colocá-los em um grego adequado. Pedro era um pescador que trabalhava para pôr comida na mesa da família. Enquanto Pedro trabalhava em suas redes, Silas sentava-se confortavelmente ao lado de um rabino exigente que ordenava que cada palavra da Torá fosse memorizada. Deus havia escolhido Pedro como um de seus doze companheiros. E Pedro havia escolhido Silas como seu secretário. Por graça e misericórdia de Deus, Silas acompanhara Pedro e a esposa na viagem a Roma. Seria para sempre grato pelos anos que passara com eles.

Embora o aramaico fosse a língua comum da Judeia, Silas sabia falar e escrever em hebraico e grego, bem como em latim. E falava egípcio o suficiente para conversar. Todos os dias, agradecia a Deus por ter sido autorizado a usar os dons que possuía para servir aos servos do Senhor.

– Como foi andar com Jesus?

O menino novamente. Juventude insaciável. Muito parecido com Timóteo.

– Não viajei com ele, nem estava entre aqueles que ele escolheu.

– Mas você o conheceu.

– Eu o encontrei. Duas vezes, eu o encontrei e falei com ele. Agora eu o conheço como Salvador e Senhor, assim como você. Ele habita em mim, e eu nele por meio do Espírito Santo. – Silas pôs a mão no peito. *Senhor, Senhor, eu teria a fé de Pedro se fosse pregado em uma cruz?*

– Você está bem, Silas? A dor voltou?

Ele balançou a cabeça. Não corria nenhum risco físico. Não ali onde estava. Não agora.

– Quantos dos doze discípulos você conheceu?

– Como eles eram?

Tantas perguntas, as mesmas que respondera inúmeras vezes antes em encontros casuais no caminho de Antioquia a Roma.

– Ele conheceu todos eles – disse Pátrobas no silêncio que se fez. – Ele fez parte do conselho de Jerusalém.

Silas forçou a mente a se concentrar.

– Eles eram estranhos para mim durante os anos em que Jesus pregou. – Os companheiros mais próximos de Jesus não eram pessoas com quem Silas queria ter contato. Pescadores, um zelote, um coletor de impostos. Ele teria evitado a companhia deles, pois qualquer proximidade com eles teria prejudicado sua reputação. Só depois eles se tornaram seus amados irmãos. – Ouvi Jesus pregar uma vez perto das margens da Galileia e várias vezes no templo.

Curiatus se inclinou para frente, apoiando os cotovelos nos joelhos e o queixo nas mãos.

– Como era estar em sua presença?

– A primeira vez que o encontrei, pensei que ele fosse um jovem rabino mais sábio do que sua idade indicava. Mas, quando ele falou e olhei em seus olhos, tive medo. – Silas balançou a cabeça, mudando de ideia. – Não era medo. Estava aterrorizado.

– Mas ele foi bondoso e misericordioso. Foi o que nos disseram.

– Assim ele é.

– Qual era sua aparência?

– Ouvi dizer que ele brilhava como ouro, e fogo derramava-se de seus lábios.

– Certa vez, em um monte, Pedro, Tiago e João o viram transfigurado, mas Jesus deixou sua glória para trás e veio a nós como homem. Eu o vi várias vezes. Não havia nada na aparência física de Jesus para atrair as pessoas. Mas, quando falava, o fazia com toda a autoridade de Deus. – Os pensamentos de Silas se voltaram para aqueles dias antes de conhecer o Senhor pessoalmente, dias cheios de rumores, perguntas sussurradas, enquanto os sacerdotes se reuniam em grupos fechados, resmungando nos corredores do templo. Acima de tudo, fora o comportamento deles que enviara Silas à Galileia para ver por si mesmo quem era aquele Jesus. Ele sentiu o medo deles e mais tarde testemunhou seu ciúme feroz.

Epaneto colocou a mão no ombro de Silas.

– Basta, meus amigos. Silas está cansado. E já é tarde.

Enquanto os outros se levantavam, o menino se espremeu entre dois homens e foi até ele.

– Posso falar com você? Só um pouquinho.

Diana estendeu a mão para ele, corada, os olhos cheios de desculpas.

– Você ouviu Epaneto, meu filho. Venha. A reunião terminou por esta noite. Dê descanso ao homem. – E levou o filho embora.

– Podemos voltar amanhã? Mais tarde, talvez. Depois do trabalho...

Curiatus olhou para trás.

– Você não vai embora, vai? Você tem palavras de verdade a dizer.

– Curiatus!

– Ele escreveu todos aqueles pergaminhos, mãe. Ele poderia escrever tudo o que viu e ouviu...

Diana colocou o braço em volta do filho e falou baixinho, mas com mais firmeza dessa vez, enquanto o conduzia para fora da sala.

Epaneto viu todos partirem em segurança. Quando voltou, sorriu.

– Curiatus está certo. Seria bom se você escrevesse um registro.

Silas tinha passado a maior parte da vida escrevendo cartas, registrando em pergaminhos o incentivo e as instruções de homens inspirados por Deus, o conselho de Jerusalém: Tiago, Paulo e Pedro.

– Na maioria das vezes, ajudei outras pessoas a entender e expressar seus pensamentos.

– Mas o ajudou classificar seus pensamentos e sentimentos? Você sofre, Silas. Todos nós podemos ver isso. Você amava Pedro e a esposa dele. Você amava Paulo. Nunca é fácil perder um amigo. E você perdeu muitos.

– Minha fé é fraca.

– Talvez essa seja a melhor razão para você se prender ao passado. – Epaneto falou mais sério. – Você tem vivido a serviço dos outros. Seus dedos manchados de tinta são a prova disso.

A parte mais escura da noite havia chegado, uma escuridão que esmagava o espírito de Silas. Ele olhou para as mãos. Elas o condenavam.

– Curiatus[1] é um nome apropriado – disse Epaneto, suavemente. – Mas talvez Deus tenha trazido você até nós e colocado a ideia na cabeça do menino. Não é possível?

Silas fechou os olhos. *Posso viver no passado sem ser destruído por isso? Lamento, Senhor; lamento os anos perdidos. Isso também é pecado?*

Epaneto abriu os braços.

– Restam poucas e preciosas pessoas que estavam na Judeia quando Jesus andou nesta terra.

– Isso é dolorosamente verdade – disse Silas, ao ouvir a amargura de Epaneto.

Epaneto sentou-se com as mãos entrelaçadas e expressão intensa.

– Não compartilharei minha história até que o conheça melhor, mas saiba que você não está sozinho em sua luta com a fé. Qualquer que seja a tristeza que você carrega além da morte de seus amigos, não está oculta do Senhor. Nós dois sabemos que Jesus morreu por todos os nossos pecados e ressuscitou dos mortos. Por meio da fé nele, temos a promessa da vida eterna. Viveremos para sempre na presença do Senhor. Mas, como o menino, eu também anseio saber mais sobre Jesus. Muito do que ouvimos se perde. Esses pergaminhos, por exemplo. Pátrobas e eu lemos dois esta noite. Mas, se você partir amanhã, de quanto vamos nos lembrar na próxima semana ou no próximo mês? E o que dizer de nossos filhos?

---

[1] Do latim, *curia, curiae*, tribunal, Senado. (N.T.)

– Outro já começou a tarefa de escrever a história: Lucas, o médico.

– Já ouvi falar dele. Essa é uma notícia maravilhosa, Silas, mas onde ele está agora? Ele deixou Roma depois que Paulo foi decapitado, não foi? Quanto tempo teremos antes de receber uma cópia do que ele escreveu?

– Ele não foi o único. Muitos empreenderam a tarefa de compilar um relato de coisas que aconteceram e do que foi feito.

– Pode ser, Silas, mas não recebemos nenhuma das cartas, a não ser uma escrita por Paulo. Você está aqui conosco! Queremos saber o que você aprendeu com Pedro e Paulo. Queremos ver esses homens de fé como você viu. Eles resistiram até o fim. Como você resiste agora. Compartilhe sua vida conosco.

– O que você pede é uma tarefa monumental! – *E estou tão cansado, Senhor. Permita que outra pessoa faça o que ele pede.*

– A tarefa não está além de sua capacidade, Silas. – Epaneto agarrou-lhe o braço. – Tudo de que precise, você só tem que pedir. Rolos de pergaminho, tinta, um lugar seguro para escrever sem interrupção. Deus me abençoou com abundância para que eu possa abençoar outros. Dê-me a bênção e a honra de servi-lo. – O romano se levantou. – Que você esteja em paz com o que Deus lhe pede.

– Epaneto! – Silas gritou, antes que ele o deixasse sozinho na sala. – Não é fácil olhar para trás.

– Eu sei. – O romano parou à porta. – Mas às vezes temos de olhar para trás antes de poder seguir em frente.

DOIS

Silas, discípulo de Jesus Cristo, testemunha ocular da crucificação, servo do Senhor e Salvador ressuscitado, Jesus Cristo, à família de Teófilo. Graças a vós e paz da parte de Deus nosso Pai e Senhor Jesus Cristo.

A primeira vez que ouvi o nome de Jesus foi no templo em Jerusalém. Rumores de falsos profetas e autoproclamados messias eram comuns naqueles dias, e os sacerdotes eram muitas vezes chamados para investigar. Alguns anos antes, Teudas afirmara ser o ungido de Deus e ganhara quatrocentos discípulos antes de ser morto pelos romanos. Os demais se dispersaram. Então, durante o censo, surgiu Judas da Galileia. Logo, ele também estava morto, e seus seguidores, dispersos. Meu pai havia me advertido contra os homens que cresciam como ervas daninhas entre o trigo.

– Confie na lei de Moisés, meu filho. É uma lâmpada para guiar seus pés e uma luz em seu caminho.

João Batista começou a reunir multidões no rio Jordão, onde batizava para arrependimento dos pecados. Uma delegação de sacerdotes veio interrogá-lo. Ao retornarem, ouvi palavras raivosas nos corredores sagrados.

– Ele é um falso profeta que veio do deserto e se alimenta de gafanhotos e mel.

– O homem é louco!

– O homem veste uma roupa de pelo de camelo e um cinto de couro!

– Ele ousou nos chamar de ninhada de cobras.

– Louco ou não, as pessoas o ouvem. E ele clamou contra nós, perguntando quem nos advertiu contra a ira vindoura de Deus. Devemos fazer algo a respeito dele.

Algo foi feito, mas não pelos sacerdotes e líderes religiosos. João confrontou o rei Herodes por seu relacionamento adúltero com Herodias, esposa de seu irmão Filipe. Preso, João Batista foi mantido no calabouço do palácio. Herodias celebrou o aniversário do rei e usou a filha para seduzir Herodes a fazer uma promessa tola: se ela dançasse para seus convidados, ele lhe daria o que ela quisesse. A armadilha estava preparada. A moça exigiu a cabeça de João Batista em uma bandeja e deu o horrível presente à sua mãe conspiradora.

Aqueles que pensavam que João Batista era o Messias lamentaram sua morte e perderam a esperança. Outros disseram que ele apontara o caminho para Jesus e foram atrás do rabino de Nazaré. Alguns, como eu, esperaram cautelosamente para ver o que aconteceria. Todos os judeus viviam na esperança da vinda do Messias. Ansiávamos ver as correntes de Roma rompidas e nossos opressores conduzidos da terra que Deus dera a nossos antepassados. Queríamos ver nossa nação grande novamente, como tinha sido durante o tempo do rei Davi e do rei Salomão, seu filho.

Alguns enterraram sua esperança na cova rasa de um falso messias, apenas para vê-la surgir novamente quando um novo messias apareceu no horizonte. A esperança pode ser um terrível capataz!

Havia muitos rabinos na Judeia, cada um com discípulos atrelados a seus ensinamentos. Alguns eram encontrados nos corredores do templo, outros em sinagogas distantes. Alguns viajavam de cidade em cidade, reunindo discípulos à medida que caminhavam. Não era incomum ver um grupo de jovens seguindo os passos do rabino, pendurados em cada palavra sua.

Não conheci ninguém tão sábio quanto meu pai, que me disse para memorizar a Lei e viver por ela. Achei que a Lei me salvaria. Pensei que, seguindo os mandamentos e oferecendo sacrifícios, eu poderia ganhar o favor de Deus. Por isso, muitas vezes fui ao templo, levando meus dízimos e oferendas. A Lei foi meu deleite e minha perdição. Orei e jejuei. Obedeci aos mandamentos. E ainda sentia que vivia à beira de um grande precipício. Um deslize, e eu cairia em pecado e estaria perdido para sempre. Ansiava por segurança.

Ou pensei que sim.

As histórias sobre Jesus persistiram e cresceram em magnitude.

– Jesus deu visão a um cego!

– Jesus fez um paralítico andar em Cafarnaum.

– Ele expulsou os demônios!

Alguns até afirmaram que ele havia ressuscitado o filho de uma viúva.

Os principais sacerdotes que tinham vindo investigar João Batista se reuniram em aposentos com o sumo sacerdote Caifás. Meu pai, que era amigo de longa data da família de Anás, me disse mais tarde que eles ficaram furiosos quando lhes perguntaram se Jesus poderia ser o Messias.

– O Messias será um filho de Davi nascido em Belém, e não de um humilde carpinteiro de Nazaré que come com coletores de impostos e prostitutas.

Nem eles nem eu sabíamos, na época, que Jesus tinha de fato nascido em Belém de uma virgem que era esposa de José. Maria e José eram da tribo de Judá e descendentes do grande rei Davi. Uma evidência adicional veio quando a profecia de Isaías se cumpriu, pois Maria concebeu do Espírito Santo. Esses fatos tornaram-se conhecidos por mim mais tarde e confirmaram tudo que, até então, eu acreditava sobre Jesus. Pelo que sei, nada mudou a mente de Anás, Caifás e outros sacerdotes, que se agarravam tão fortemente ao poder que imaginavam o ter nas palmas das mãos. Anás está morto agora. E Caifás também já se foi.

O que me afastou de Jesus por tanto tempo foi a companhia que ele mantinha. Nunca tinha ouvido falar de um rabino que comesse com pecadores, quanto mais que fazia deles seus amigos. Fui discípulo de um rabino respeitado, por quem não fui recebido até que me mostrei digno de ser seu aluno. Jesus escolhia seus discípulos entre homens comuns. Eu tinha passado minha vida com cautela, evitando todas as coisas que a Torá declarava impuras. Não conversava com mulheres e nunca permiti que um gentio entrasse em minha casa. Sabia que meu rabino não queria ouvir o nome de Jesus. O Nazareno era um renegado. Jesus curou leprosos. Jesus ensinou as mulheres que viajavam com ele. Reuniu os pobres, os oprimidos, os impuros que viviam nas encostas e os alimentou. Até pregou para os odiados samaritanos!

Quem era esse homem? E que bem ele acreditava fazer ao destruir as tradições acumuladas ao longo de séculos?

Eu ansiava por discutir todos esses assuntos com meu pai, mas não consegui. Ele estava muito doente e morreu no calor do verão. Procurei um de seus amigos mais respeitados, um membro do sumo conselho, Nicodemos.

– O Nazareno é um profeta ou um revolucionário perigoso?

– Ele fala com grande compaixão e conhece a Lei.

Fiquei espantado.

– Você o encontrou?

– Uma vez. Brevemente. – Ele mudou de assunto e não quis voltar a ele.

Eu me perguntei quantos outros dos principais sacerdotes e escribas tinham ouvido Jesus pregar. Toda vez que o nome de Jesus era mencionado, eu escutava. Fiquei sabendo que ele falou em muitas sinagogas e ensinou sobre o Reino de Deus. O desejo de deixar minha vida cautelosa cresceu em mim. Eu queria ver Jesus. Queria ouvi-lo pregar. Queria saber se ele podia responder a todas as minhas perguntas.

Acima de tudo, como muitos outros, eu queria vê-lo realizar um milagre. Talvez então eu soubesse se deveria levar aquele profeta a sério.

Então fui para a Galileia.

A multidão em Cafarnaum parecia maior do que qualquer outra que eu tinha visto no templo, exceto durante a celebração da Páscoa, quando judeus vinham da Mesopotâmia, Capadócia, Ponto, Ásia, Frígia, Panfília,

Egito e até Roma. As pessoas que encontrei em Cafarnaum naquele dia me assustaram, pois eram miseráveis. Um cego em trapos, viúvas indigentes, mães segurando crianças chorosas, aleijados, pessoas arrastando macas em que jaziam parentes ou amigos doentes, leprosos e párias, todos chamando e tentando avançar e se aproximar de Jesus. Claro, eu tinha visto muitos pobres e doentes mendigando nos degraus do templo, e muitas vezes lhes dava dinheiro. Mas nunca tinha visto tantos! Eles enchiam as ruas e se derramavam pela orla do mar da Galileia.

– Jesus! – alguém gritou. – Jesus está vindo!

Todos começaram a clamar por ele ao mesmo tempo. O som de vozes angustiadas, suplicantes e esperançosas era ensurdecedor.

– Meu pai está doente...

– Meu irmão está morrendo...

– Estou cego. Cure-me!

– Ajude-me, Jesus!

– Minha irmã está possuída por um demônio!

– Jesus!

– Jesus!

Estiquei-me, mas não conseguia ver acima das pessoas. Meu coração disparou de excitação quando fui contaminado pela febre de esperança do povo. Arrastando-me junto à parede, fiquei precariamente equilibrado, desesperado para ver aquele homem que tantos chamavam de profeta e alguns diziam que era o Messias.

E lá estava ele, caminhando entre o povo. Meu coração quase parou.

Jesus não era como nenhum rabino que eu já tinha visto. Não era um erudito de cabelos grisalhos, com vestes brancas esvoaçantes e carrancudo. Era jovem, não mais que alguns anos mais velho que eu. Usava roupas simples, feitas em casa, e tinha ombros largos, braços fortes e a pele escura de um trabalhador comum. Nada em sua aparência se destacava. Jesus olhou para os que o cercavam. Até tocou em alguns. Um agarrou a mão dele e beijou-a, chorando. Jesus passou pela multidão enquanto as pessoas gritavam de alegria.

– Um milagre!

Onde?, eu me perguntei. *Onde está o milagre?*

As pessoas tentavam alcançá-lo.

– Toque-me, Jesus! Toque-me!

Seus amigos se aproximavam dele, tentando manter as pessoas afastadas. O mais velho, Pedro, gritou para que lhe dessem passagem. Jesus entrou em um dos barcos. O desapontamento me invadiu. Eu tinha vindo de tão longe para ter apenas um vislumbre dele?

Jesus sentou-se na proa enquanto os discípulos remavam. Não tinham ido longe quando lançaram âncora. Jesus falou dali, e a multidão calou-se. Todos se sentaram e ouviram, enquanto sua voz calma era transportada pela água.

Não posso contar tudo o que Jesus disse naquele dia, ou suas palavras exatas, mas seu ensinamento causou grande tumulto dentro de mim. Ele disse que o coração da Lei era a misericórdia, e eu sempre pensei que fosse o julgamento. Falou em amar nossos inimigos, mas eu não podia acreditar que ele se referia aos romanos, que tinham criado ídolos na terra. Disse para não nos preocuparmos com o futuro, pois cada dia já tinha problemas suficientes. Eu me preocupava o tempo todo em respeitar a Lei. Estava preocupado em viver de acordo com as expectativas de meu pai. Preocupava-me de manhã à noite com uma centena de coisas sem importância. Jesus nos advertia contra falsos profetas, enquanto os escribas e fariseus o viam como um deles.

A voz de Jesus era profunda e fluía como água. Meu coração estremeceu ao ouvi-la. Mesmo agora, depois de tantos anos, espero ouvir sua voz novamente.

Quando ele terminou de falar, o povo se levantou e gritou, não por mais sabedoria, mas por milagres. Eles queriam cura! Queriam pão! Queriam o fim da dominação romana!

– Seja nosso rei!

Pedro içou a vela. André ergueu a âncora. Algumas pessoas entraram na água, mas o vento já havia movido o barco para bem longe da costa.

Eu queria gritar também; não por pão, do qual tinha fartura, nem por curas, das quais não precisava, mas por sua interpretação da Lei. Suas palavras me encheram de mais perguntas do que aquelas que tinham me levado à Galileia. Desde a infância, eu tinha ouvido escribas e líderes religiosos. Nunca um homem falara com tanta autoridade como o carpinteiro de Nazaré.

Quando as pessoas começaram a correr ao longo da costa, recolhi minhas vestes, abandonei minha dignidade e corri com elas. O barco fez a volta e navegou em direção à costa distante. Outros continuaram correndo, pretendendo chegar ao outro lado do lago antes dele.

Cansado, sem fôlego, sentei-me, os braços apoiados nos joelhos, e vi Jesus navegar para longe, levando minha esperança com ele.

Jesus viajava de cidade em cidade. Falava nas sinagogas. Falava para multidões cada vez maiores nas encostas dos montes. Ensinava por meio de histórias que as pessoas comuns entendiam melhor do que eu, histórias sobre solo, sementes, trigo e ervas daninhas, tesouros escondidos em um campo, redes de pesca, coisas desconhecidas para alguém que crescera em Jerusalém. As pessoas discutiam sobre ele constantemente. Alguns diziam que ele viera do céu; outros se recusaram a acreditar que ele fosse mesmo um profeta. Escribas e fariseus exigiam um sinal milagroso, e Jesus os ignorava.

– Somente uma geração má e adúltera exigiria um sinal milagroso, mas o único sinal que vou lhes dar é o sinal do profeta Jonas.

Mas o que isso significava?

Muitos discípulos abandonaram Jesus, alguns por decepção, outros porque não podiam entendê-lo ou acreditar nele.

Saí dali com medo do que os líderes religiosos poderiam fazer se me vissem entre os seguidores de Jesus. Tinha de proteger minha reputação.

– Você encontrou o Messias? – Meu rabino zombou de mim.

– Não – eu respondi, e logo depois o deixei.

Jesus veio a Jerusalém e pregou no templo, para ira dos escribas e fariseus. Eles o questionaram, e ele os confundiu com suas respostas. Armaram armadilhas, e ele escapou. Fizeram-lhe perguntas capciosas sobre a Lei, e ele expôs o engano deles, desafiou seu conhecimento da Torá e disse-lhes que não serviam a Deus, mas a seu pai, o diabo.

A cidade estava viva de emoção. Todo mundo falava de Jesus.

E então ele partiu novamente para o campo e as aldeias, sempre caminhando entre o povo. Foi a Cesareia de Filipe, com seus ídolos, e até as Portas do Inferno, por onde os gentios acreditavam que os demônios entravam e saíam do mundo. Viajou pelas Dez Cidades e parou em Samaria. E, embora não o tenha seguido, ponderei sobre suas palavras: "O Reino do Céu é como um mercador à procura de pérolas escolhidas que, quando descobriu uma pérola de grande valor, vendeu tudo o que possuía e a comprou!". O que era essa pérola? O que teria de vender para comprá-la?

Como exigia a Lei, ele voltava a Jerusalém três vezes por ano, para a Festa dos Pães Ázimos, a Festa da Colheita e a Festa dos Tabernáculos. E, cada vez que Jesus chegava com suas oferendas a Deus, os sacerdotes tornavam-se mais hostis, mais determinados a voltar o povo contra ele. Até se tornaram aliados daqueles que desprezavam, os herodianos, e faziam perguntas que poderiam fazê-lo entrar em conflito com a lei romana.

– Diga-nos: é certo pagar impostos a César?

Em resposta, Jesus pediu uma moeda. Ao receber um denário, perguntou aos escribas herodianos de quem era a imagem e a inscrição que estavam nela. De César, é claro, lhe disseram. Então, ele falou: "Dê a César o que é de César e a Deus o que é de Deus".

Os saduceus o questionaram sobre a ressurreição dos mortos, e Jesus disse que eles estavam errados em sua compreensão da Escritura. Deus disse a Moisés: "Eu *sou* o Deus de Abraão, o Deus de Isaac e o Deus de Jacó". Portanto, ele é o Deus dos vivos e não dos mortos.

Suas palavras me surpreenderam. Todos os judeus sabiam que os ossos dos patriarcas jaziam na caverna de Macpela, perto de Hebron. Estariam vivos? O que ele disse me confundiu mais do que me iluminou. Quanto mais eu tentava entender o que tinha aprendido, mais confuso eu ficava.

A multidão murmurava. Alguns diziam que ele era um bom homem; outros, que havia desviado o povo. Os sacerdotes o queriam preso, mas ninguém se atrevera a colocar as mãos nele. Ele e os discípulos acamparam no Monte das Oliveiras, mas não fui para lá, com medo do que os outros diriam se eu fosse visto. Então esperei, sabendo que Jesus viria cedo ao templo.

Eu estava lá quando alguns escribas e fariseus arrastaram uma mulher seminua diante dele.

– Mestre – eles disseram, embora eu soubesse que o título os irritava –, esta mulher foi pega no ato de adultério. A lei de Moisés manda apedrejá-la. O que você diz? – Tremendo, a mulher cobriu-se o melhor que pôde. Sentou-se em cima das pernas e cobriu a cabeça com os braços. Os homens olhavam, sussurrando, pois ela era bela. Alguns riam. Eu me escondi atrás de uma coluna e observei, enojado. Eu a tinha visto naquela manhã com um dos escribas.

Jesus se curvou e escreveu no chão. Escreveu que a Lei também prescrevia que o homem que compartilhara sua cama fosse apedrejado com ela. Eu não conseguia ver. Quando Jesus se endireitou, prendi a respiração, pois a Lei era clara. A mulher devia morrer. Se ele lhes dissesse que a libertassem, desobedeceria à lei mosaica, e eles teriam motivos para acusá-lo. Se dissesse que a apedrejassem, estaria usurpando o poder de Roma, pois apenas o governador poderia ordenar a execução.

Ele se curvou e escreveu novamente: "Aquele que nunca pecou, que atire a primeira pedra".

Ninguém ousou levantar uma pedra, pois somente Deus não tem pecado. Continuei atrás da coluna para ver o que Jesus faria. Em seguida, ele olhou para a mulher.

– Onde estão seus acusadores? Algum deles a condenou?

– Não, senhor. – Lágrimas escorriam por seu rosto.

– Nem eu. Siga seu caminho. De agora em diante, não peque mais.

Embora tocado por sua misericórdia, eu me perguntei: o que fora feito da Lei?

Não o segui nessa ocasião, embora tivesse bebido suas palavras. Mesmo quando muitos dos principais sacerdotes o chamavam de falso profeta, desprezando-o e rejeitando-o, ele me atraía com seus ensinamentos.

Um carpinteiro nazareno, o Messias de Deus! Era uma blasfêmia até mesmo sugerir isso!

Nenhum de nós, nem mesmo seus amigos mais próximos, adivinhou o que Jesus quis dizer quando afirmou: "Quando levantarem o Filho do Homem, vocês entenderão que Eu Sou Ele".

Perto do fim da semana, com apreensão, mas cheio de esperança, fui a Jesus. Tinha conhecido Pedro, André e Mateus. Conhecia João, que me encorajou a falar com o Mestre.

Não ousei compartilhar minha esperança mais profunda com João: tornar-me um discípulo, ser digno de viajar com ele.

Certamente, todo o meu treinamento, todo o meu trabalho duro e autossacrifício haviam me preparado para estar entre seus discípulos. Pensei que poderia ajudá-lo. Afinal, eu tinha conexões. Queria que Jesus soubesse quanto eu havia trabalhado toda a vida para cumprir a Lei. Quando ele soubesse dessas coisas, eu esperava que ele me desse a confiança que eu desejava. Eu tinha muito a lhe oferecer. E lhe seria bem-vindo. Ou assim pensei.

Fui um tolo!

Jamais esquecerei os olhos de Jesus ao responder às minhas perguntas.

Eu havia buscado sua aprovação; ele expôs meu orgulho e autoengano. Esperava me tornar um de seus discípulos, e ele me disse do que devia abrir mão para me tornar completo. Deu-me todas as provas de que eu precisava para confirmar que ele era o Messias. Viu no meu coração segredos escondidos dos quais eu nem suspeitava.

E então Jesus disse o que eu desejava ouvir.

– Venha, siga-me.

Não consegui responder.

Jesus esperou, e seus olhos estavam cheios de amor.

Ele esperou.

Deus esperou, e eu não disse nada!

Oh, eu acreditava nele. Não entendia tudo o que ele dizia, mas sabia que Jesus era o Messias.

E, ainda assim, eu me afastei. Voltei para tudo que conhecia, à vida que me deixou vazio.

Meses se passaram. Como sofri, com minha mente torturada por pensamentos do Seol! Quando subi os degraus do templo, coloquei moedas nas mãos de mendigos e me encolhi por dentro. Eu sabia a verdade. Não dei a esmola por eles, mas por mim mesmo. Uma bênção, era isso que eu procurava! Outra marca a meu favor, um gesto capaz de me aproximar da certeza de esperança e melhor futuro. Para mim.

O que eu tinha visto como bênção e o favor de Deus se transformou em uma maldição que punha minha alma à prova. E eu tinha falhado, porque não tinha nenhuma convicção de que devia desistir do que me dera honra, posição e prazer. Mais uma vez, eu falhava. Dia após dia, semana após semana, mês após mês.

Desejei nunca ter ouvido o nome de Jesus! Em vez de aliviar a inquietação de minha alma, suas palavras açoitaram minha consciência e rasgaram meu coração. Ele transformou as fundações da minha vida em escombros.

A Páscoa se aproximava. Judeus lotaram Jerusalém. Ouvi dizer que Jesus havia montado em um jumento e partido pela estrada, ladeada por pessoas que acenavam com folhas de palmeiras e cantavam: "Louvado seja Deus pelo Filho de Davi! Bendito seja aquele que vem em nome do Senhor! Louvado seja Deus nas alturas do céu".

Jesus, o Messias, tinha chegado.

Eu não saí para vê-lo.

Quando entrou no templo, ele pegou um chicote e expulsou os cambistas e comerciantes que enchiam o pátio, que deveria ter sido deixado livre para os gentios que buscavam Deus. Clamou contra aqueles que tinham transformado a casa de oração de seu Pai em um covil de ladrões, que se dispersaram diante de sua fúria.

Eu não estava lá. Ouvi sobre isso mais tarde.

Ele pregava no templo todos os dias. Suas parábolas expunham a hipocrisia dos líderes religiosos, que alimentavam seu ódio enquanto fingiam não entender. Torciam suas palavras, tentando usá-las contra ele. Oprimiam aqueles que o amavam, até mesmo ameaçando expulsar um pobre coxo do templo porque ele carregava sua maca depois que Jesus o havia curado no sabá.

– Ai de vocês, escribas e fariseus hipócritas!

Tremi quando o ouvi. E me escondi à sua aproximação.

– Tudo o que vocês fazem é se exibir! Em seus braços levam caixas de oração com versículos bíblicos e usam túnicas com longas franjas. Gostam de sentar-se à cabeceira da mesa nos banquetes e nos lugares de honra nas sinagogas! Ai de vocês! – Sua voz trovejava e ecoava, enquanto ele caminhava pelos corredores do templo. – Vocês enganam descaradamente as viúvas, as expulsam de suas propriedades e depois fingem ser piedosos, fazendo longas orações em público.

Escribas gritavam contra ele, mas não podiam abafar a verdade que se derramava de sua boca. Ele apontava os sacerdotes, que deveriam ser pastores do povo de Deus e se comportavam como uma matilha de lobos devorando o rebanho.

– Vocês pegam um convertido e o transformam no filho do inferno, que vocês são! Guias cegos! Tolos! Têm o cuidado de dar o dízimo até mesmo da menor renda de suas hortas, mas ignoram os aspectos mais importantes da Lei: justiça, misericórdia e fé.

As paredes do templo reverberavam o som de sua voz. As vozes daqueles que ele confrontava soaram como nada diante de sua ira. Tremi de medo.

– Vocês nunca me verão novamente até que digam: "Bendito seja o que vem em nome do Senhor".

Ele deixou o templo. Como ovelhas atrás do pastor, os discípulos o seguiram. Alguns olharam para trás com medo, outros com orgulho. Vozes se ergueram em fúria. Escribas e fariseus, sacerdotes, todos pareciam gritar ao mesmo tempo. Será que a raiva ali dentro transbordaria para as ruas?

Rostos contorcidos de raiva. Bocas abertas em maldições lançadas sobre o Nazareno. Alguns rasgaram as próprias roupas.

Eu fugi.

Lembro-me pouco do que senti naquele dia, a não ser de que fugi da ira dentro do templo. Jesus partiu com seus discípulos. Parte de mim queria segui-los, mas meu lado prático me conteve. Eu disse a mim mesmo que não tinha escolha. O que Jesus me pedira desonraria meu pai. Eu sabia que ele não havia pedido o mesmo dos outros. Por que exigira tanto de mim?

Suas palavras eram como uma espada de dois gumes, cortando as mentiras sobre mim em que eu acreditava. Eu não era o homem de Deus que pensava ser.

E então Jesus se virou e olhou para mim. Por um instante, vi o convite. Devia voltar para dentro do templo, para minhas orações e minha contemplação silenciosa, ignorando tudo o que acontecera ao meu redor? Ou devia seguir um homem que olhou para mim e viu os segredos ocultos do meu coração?

Um caminho não exigia nada; o outro, tudo.

Balancei a cabeça. Ele esperou. Recuei e vi a tristeza em seus olhos antes que ele se afastasse.

Sinto essa tristeza agora. Hoje, mais do que nunca, eu entendo isso.

Na outra vez que vi Jesus, ele estava pendurado em uma cruz no Gólgota, entre dois ladrões. Uma placa escrita em hebraico, latim e grego estava pendurada acima de sua cabeça: "Jesus, o Nazareno, o Rei dos Judeus".

Não posso explicar o que senti quando vi Jesus fora do portão da cidade, pregado em uma cruz romana. Homens que eu conhecia lançavam-lhe insultos. Mesmo em sua hora de sofrimento e morte, não tinham piedade. Senti raiva, decepção, alívio, vergonha. Eu me justifiquei. Afinal, parecia que eu não tinha dado as costas a Deus. Eu tinha rejeitado um falso profeta, não tinha?

O que isso dizia de mim? Eu me achava um jovem justo, que se esforçava para agradar e servir a Deus. Jesus me expôs como uma fraude. A vergonha volta a me invadir agora, anos depois. Tal foi minha arrogância!

Tal foi minha cegueira deliberada para a verdade! Eu também estava envergonhado dos líderes religiosos. Homens que eu respeitava, reverenciava até, ficavam embaixo da cruz, sorrindo, lançando insultos, zombando de Jesus quando ele morreu. Não sentiram pena, não mostraram misericórdia. Nem mesmo o lamento da mãe de Jesus ou das mulheres que choravam com ela despertava sua compaixão.

O rabino que eu seguira por tanto tempo estava entre eles. Eles me lembravam abutres atacando um animal moribundo.

Eu me tornaria alguém como eles?

E onde estavam os discípulos de Jesus? Onde estavam os homens que tinham vivido com ele nos últimos três anos, que tinham deixado suas casas e meios de subsistência para segui-lo? Onde estavam aqueles que se postaram ao longo da estrada acenando folhas de palmeiras e cantando louvores, quando Jesus entrou em Jerusalém? Isso não acontecera menos de uma semana atrás?

Lembro de ter pensado: *Que culpa tem esse pobre carpinteiro de termos esperado tanto dele?*

Diante da possibilidade de escolha entre um insurreto como Barrabás e um homem que falava de paz com Deus, o povo clamou pela liberdade daquele que tinha matado romanos.

Nicodemos estava no portão, lágrimas correndo-lhe pelo rosto e caindo sobre a barba. De braços cruzados, com as mãos enfiadas profundamente nas mangas, ele se balançava para frente e para trás, rezando. Eu me aproximei do velho amigo de meu pai, alarmado ao vê-lo em tal aflição.

– Posso ajudá-lo?

– Seja grato por seu pai não ter vivido para ver este dia, Silas. Eles não o ouviriam! Eles se dispuseram a fazer o que pretendiam. Um julgamento ilegal à noite, acusações falsas, falsas testemunhas; condenaram um homem inocente. Que Deus nos perdoe.

– Você é um homem honesto, Nicodemos.

– Eu quis inocentá-lo.

– É Roma que crucifica Jesus.

– Todos nós o crucificamos, Silas. – Nicodemos olhou para Jesus. – As Escrituras estão se cumprindo enquanto estamos aqui, vendo Jesus morrer.

Eu o deixei com sua dor. Suas palavras me assustaram.

Celebrei a Páscoa como a Lei exigia, mas não senti alegria em reviver a libertação de Israel da escravidão egípcia. As palavras de Jesus continuavam voltando à minha mente: "Bem-aventurados os pobres de espírito, porque deles é o Reino dos Céus".

Deus livrara seu povo da morte em Israel. Se Jesus era o Messias, como eu havia pensado uma vez e Nicodemos ainda acreditava, que vingança Deus utilizaria contra nós? Que esperança tínhamos da intervenção de Deus?

Sonhei com Jesus naquela noite. Vi seus olhos novamente olhando para mim, esperando, como fizera naquele dia ao deixar o templo. Quando acordei, a cidade estava escura e silenciosa. Meu coração batia forte. Senti algo no ar.

"Eu sou o caminho, a verdade e a vida", dissera Jesus. A proclamação de Deus ou palavras de um louco? Eu não sabia mais.

O caminho estava perdido; a verdade, silenciada; a esperança da vida Jesus oferecera com sua morte.

Parecia o fim de tudo.

– Você tem trabalhado duro por um longo tempo, Silas. – Epaneto estava à porta. – Quando lhe pedimos para escrever sua história, não pretendíamos que você se tornasse escravo dela.

Silas colocou a palheta no estojo das penas e soprou a última das poucas cartas que havia escrito.

– Eu me perdi no passado.

– Foi uma viagem reconfortante?

– Não inteiramente. – Ele enrolou o pergaminho com cuidado. Seus músculos estavam rígidos, e suas costas doíam. Ao se levantar, ele se espreguiçou.

– Estava surdo e cego.

– E Jesus lhe deu ouvidos para ouvir e olhos para ver. Venha, meu amigo. Caminhe comigo no jardim.

O calor do sol derreteu a tensão nos ombros de Silas. Ele encheu os pulmões com o ar marinho. Pássaros voavam sobre o jardim, gorjeando de poleiros escondidos. Ele se sentia seguro ali, como se estivesse a milhares de quilômetros de Roma, da arena, dos gritos da multidão enlouquecida, mas não longe o suficiente para escapar às memórias do que acontecera lá.

– Onde você está na sua história?

– Na morte de Jesus.

– Eu daria tudo o que possuo para ver sua face, mesmo por um instante.

Silas estremeceu por dentro, pensando nos anos que desperdiçara quando poderia ter estado com Jesus.

– Do que você mais se lembra sobre Jesus?

– Dos olhos. Quando ele olhou para mim, eu soube que ele tudo via.

Epaneto esperou que ele dissesse mais, mas Silas não tinha a intenção de satisfazer a curiosidade do romano.

– Você sente falta de Jerusalém, Silas?

Essa era uma pergunta bastante fácil de responder.

– Às vezes. Não como está agora. Do jeito que era antes. – Era mesmo verdade? Ele sentia saudade dos dias antes da vinda de Cristo? Não. Ele ansiava pela *nova* Jerusalém, aquela que Jesus traria no fim dos tempos.

– Você ainda tem família lá?

– Nenhuma relação de sangue, mas irmãs e irmãos cristãos ainda podem estar lá. – Talvez alguns estivessem firmemente enraizados, como hissopo nas paredes de pedra da cidade. Era o que ele esperava, pois orava continuamente para que seu povo se arrependesse e abraçasse seu Messias. – Não sei se alguém permanece lá. Só espero. Faz anos desde que pus os pés na Judeia. – *Que o Senhor sempre chame alguém para pregar lá, que mantenha a porta aberta para que seu povo entre no redil.*

– Talvez você volte.

Silas sorriu friamente.

– Preferiria que Deus me chamasse para a Jerusalém celestial.

– Ele o fará. Algum dia. Todos nós oramos para que nossa vez não chegue em breve.

Algumas preces de Silas permaneceram inauditas.

– Se tivesse ficado em Roma, poderia estar lá agora.

– Talvez devesse ter ficado.

– Deus quis você aqui, Silas.

– Os pergaminhos são preciosos. Devem ser protegidos. – Ele parou diante de uma fonte, acalmado pelo som da água. – Eu deveria estar fazendo cópias dos pergaminhos, não escrevendo sobre minhas provações.

– Precisamos do testemunho de homens como você, que andou com Jesus, que ouviu seus ensinamentos, que viu os milagres.

– Eu não. Eu lhe disse. Minha fé veio tarde.

– Mas você estava lá.

– Na Judeia. Em Jerusalém. Uma vez na Galileia. No templo.

– Escreva sobre aquilo do que você se lembra.

– Lembro-me da tristeza. Lembro-me da alegria de ver Cristo ressuscitado. Lembro-me de minha vergonha e culpa sendo lavadas. Lembro-me de receber o Espírito Santo. Lembro-me dos homens que serviram a Cristo e morreram por isso. Tantos que perdi a conta. Meus amigos mais próximos estão com o Senhor, e eu sinto... – Ele fechou e abriu as mãos.

– Inveja?

Ele soltou uma respiração penetrante.

– Você vê muito claramente, Epaneto. – Silas desejou ter esse poder, pois se sentia perdido no atoleiro de suas emoções. – Estou tão cheio de sentimentos, que temo nenhum refletir o Espírito de Deus.

– Você é um homem, não Deus.

– Uma desculpa pronta que não posso aceitar. Pedro, pendurado de cabeça para baixo em uma cruz, agonizando, ainda orou por aqueles que o tinham pregado lá! Orou por cada pessoa naquela arena. Orou com as mesmas palavras de nosso Senhor: "Pai, perdoe-os". Perdoe toda a massa miserável da humanidade. E eu, pelo que orei? Por justiça! Por seu aniquilamento! Eu teria me alegrado em ver cada romano arder no fogo de Deus e a própria Roma transformada em cinzas!

Ele sentiu o silêncio de Epaneto e pensou que o entendia.

– Você ainda me quer sob seu teto?

– O sangue romano corre em minhas veias. Você ainda ora para que Deus me julgue?

Silas fechou os olhos.

– Não sei.

– Uma resposta honesta, e não vou expulsar você por isso. Silas, senti a mesma amargura quando vários dos meus amigos foram assassinados por zelotes em Jerusalém. Odiei todos os judeus e me vingava sempre que possível. Não sei quantos dos seus eu matei ou prendi. E então conheci um menino, mais ou menos da idade de Curiatus. Tinha mais sabedoria do que qualquer homem que já conheci. – Ele riu suavemente. – Disse que conhecia o Deus de toda a criação e que esse Deus também queria me conhecer. Foi a primeira vez que ouvi falar de Jesus. O milagre foi eu ter ouvido.

– Você era mais sábio do que eu.

– Você veio a ter fé depois. Isso é o que importa.

– Quando você esteve na Judeia?

Seus olhos piscaram.

– Anos atrás. Que país! Intriga e selvageria não se limitam a Roma, meu amigo. Os homens são iguais em todos os lugares.

– Alguns homens nunca mudam. Depois de todos esses anos, descubro que minha fé é tão frágil quanto nas primeiras semanas depois que Jesus ascendeu.

– Você sofre porque o ama, Silas. Você ama o povo dele. O amor traz sofrimento. Deus vai ajudá-lo a encontrar o seu caminho.

Macombo veio até eles.

– Os irmãos e irmãs começam a chegar.

Silas juntou-se a eles em oração e cantou louvores a Jesus. Fechou os olhos e cobriu o rosto enquanto Pátrobas lia a carta de Pedro. Ninguém lhe pediu para dizer alguma coisa. Até Curiatus permaneceu em silêncio, embora estivesse sentado perto de Silas. Diana também estava lá. Silas pensou em Pedro e na esposa. Eles se provocavam com a familiaridade de longos anos de amor.

Diana sorriu para ele, e seu coração acelerou.

Ele já havia sentido euforia antes. E sempre relacionada a Jesus.

Ele olhou para Epaneto, que conversava com Macombo, e para Urbano, que ria com Pátrobas. Aquelas pessoas lembravam muito aqueles que se reuniam no cenáculo em Jerusalém tantos anos atrás: homens, mulheres, escravos, libertos, ricos, pobres. Jesus reunira todos eles e os tornara uma família. Um em Cristo, um corpo, um Espírito.

A escuridão que ele sentira ao seu redor se afastou um pouco e deu--lhe um vislumbre da confiança que havia perdido. Não confiança em si mesmo, mas naquele que o salvara.

Agora, quando penso nisso, não posso deixar de rir. Como expressar a alegria que senti no dia em que vi Jesus vivo novamente? Ele me olhou com amor, não com condenação! Um amigo meu sabia onde os discípulos tinham se escondido, e fomos contar-lhes as boas-novas. Tremíamos de exaustão e excitação no momento em que batemos à porta do cenáculo.

Ouvimos vozes lá dentro, assustadas, discutindo. Pedro ordenou com firmeza:

– Deixe-os entrar.

Meu amigo sussurrou em voz audível:

– Deixe-nos entrar!

– Quem está com você?

– Silas! Um amigo. Temos notícias de Jesus!

Pedro abriu a porta. Pude notar que ele não se lembrava de mim, e isso me alegrou. Meu amigo disse:

– Jesus vive!

– E estava justamente aqui.

Meu coração disparou quando entramos. Olhei ao redor da sala. Queria que Jesus soubesse que eu tinha mudado de ideia, que agora eu faria tudo o que ele me pedisse.

– Onde ele está?

– Não sabemos. Esteve aqui por um tempo e então se foi.

– Estávamos todos sentados aqui e, de repente, lá estava ele.

– Não era nenhum fantasma – eu disse. – Era Jesus. Devemos ir para o templo.

– Para que possamos ser presos? – questionou Mateus.

– Eu irei. – Fui corajoso naquele breve momento.

– Caifás e os outros vão silenciá-lo. – disse Pedro, colocando a mão no meu braço.

– Fique conosco – pediu João. – Vamos partir em breve. Venha conosco para a Galileia.

Durante meses, desejei fazer parte daquele grupo de homens escolhidos, mas em sã consciência não podia deixar Jerusalém.

– Não posso! – Como poderia ficar sabendo que Jesus estava vivo? – Outros devem ouvir as boas-novas. Preciso contar a Nicodemos.

Eu sabia onde encontrar o velho amigo de meu pai. Nicodemos me viu chegando e me encontrou no pórtico. Com um dedo nos lábios, ele me puxou de lado.

– Posso ver pelo seu rosto as notícias que você traz. Há muitos boatos.

– Não é boato, Nicodemos.

– O corpo de Jesus está desaparecido.

– Isso não significa que ele tenha voltado à vida.

Inclinei-me para mais perto.

– Eu o vi com meus próprios olhos, Nicodemos. Ele está vivo!

Seus olhos brilharam, mas ele olhou ao redor com cautela.

– A não ser que Jesus entre no templo e se pronuncie, nada vai mudar.

– Como pode dizer isso? Nada será como antes.

Seus dedos se cravaram em meu braço quando ele me guiou para a escadaria do templo. Sussurrou, de cabeça baixa:

– Caifás e vários outros se reuniram com os guardas romanos encarregados da tumba. Pagaram aos guardas um grande suborno para dizerem que os discípulos de Jesus chegaram durante a noite, enquanto eles dormiam, e roubaram o corpo dele.

– No momento em que Pôncio Pilatos souber disso, eles serão executados por negligência do dever.

– Baixe a voz, meu filho. Os sacerdotes defenderão os guardas que concordaram em fazer parte do plano. Volte aos discípulos de Jesus. Diga-lhes o que Caifás e os outros fizeram. Eles pretendem espalhar o boato o mais rapidamente possível, a fim de desacreditar quaisquer alegações de que Jesus está vivo. Vá! Depressa! Eles devem convencer Jesus a vir ao templo e se manifestar.

Contei a Pedro o que Nicodemos havia dito, mas ele sacudiu a cabeça.

– Nenhum de vocês deve cometer o mesmo erro que cometi. Uma vez, tentei dizer a Jesus o que fazer. Ele me chamou de Satanás e me disse para me afastar dele.

– Mas, certamente, se ele fosse ao templo, deixaria as coisas claras para Caifás e para os membros do sumo conselho.

Simão, o Zelote, levantou-se.

– Ouvi Jesus dizer que, mesmo que alguém voltasse dos mortos, aqueles homens não acreditariam. Mesmo se Jesus estivesse diante deles e lhes mostrasse as mãos e os pés, eles ainda negariam que ele é o Cristo, o Filho do Deus vivo!

Sete dos discípulos de Jesus partiram para a Galileia.

Pedro me disse mais tarde que Jesus tinha feito uma fogueira, cozinhado peixe e se encontrado com os sete discípulos às margens do mar da Galileia. Ele apareceu a uma multidão de quinhentas pessoas, eu entre elas, e depois para seu irmão Tiago. Por quarenta dias, Jesus andou pela terra e falou conosco. Não tenho palavras para lhe dizer as muitas coisas que o vi fazer e o que ele disse. Ele nos abençoou e então voltou para a casa de onde tinha vindo: o céu.

Eu vi o Senhor ser arrebatado para uma nuvem. Os discípulos e todos nós ainda estaríamos naquele monte, se dois anjos não tivessem aparecido.

– Um dia ele voltará do céu da mesma maneira que você o viu partir.

Oh, como anseio que esse dia chegue!

Todos eles se foram, aqueles amigos que eu tanto amava. Dos cento e vinte que se reuniram no cenáculo para louvar a Deus e orar, os que primeiro receberam o Espírito Santo que iluminou nossa fé em chamas e nos enviou para anunciá-lo, restam apenas dois: João, o último dos Doze, cuja fé brilha como um farol de Patmos, e eu, o mais indigno.

Todos os dias, olho para cima e espero ver Jesus atravessando as nuvens.

Todos os dias, rezo para que seja hoje.

TRÊS

Depois que Jesus ascendeu ao Pai, aqueles de nós que seguíamos Jesus permanecemos em Jerusalém. Os Doze – exceto Judas, o traidor, que se suicidou – ficaram no cenáculo, junto com outros que vieram do distrito da Galileia, inclusive meu amigo Cleófas. Maria, mãe de Jesus, e seus irmãos Tiago, José, Judas e Simão estavam lá, junto com as irmãs do Senhor e suas famílias, assim como a irmã de Maria. Nicodemos e José de Arimateia vieram e partiram. Orávamos por eles constantemente, pois Caifás soubera que eles tinham retirado o corpo de Jesus e, depois de ungi-lo, o tinham colocado no túmulo de José, e agora os ameaçava com a expulsão do templo. Maria Madalena, Joana, Maria, mãe de Tiago Menor, e Salomé também estavam lá conosco, junto com Matias e Barsabás, que seguiam Jesus desde o dia em que João o batizara no rio Jordão. O Senhor escolheu Matias para substituir Judas como um dos Doze.

Cinquenta dias depois que Jesus foi crucificado, quarenta e sete que ele ressuscitou e sete que ascendeu ao Pai no céu, no dia de Pentecostes, quando judeus de todo o império se reuniram em Jerusalém, desceu sobre aquela casa um vento violento e impetuoso como eu nunca tinha visto. Ele encheu o lugar, e então línguas de fogo apareceram em cada um de nós. O Espírito Santo me preencheu, e me senti compelido, junto com os outros, a correr para fora. O medo dos homens, que nos tinha assombrado, se foi! Corremos precipitadamente para a multidão, clamando as boas-novas!

Um milagre aconteceu dentro de nós. Falávamos línguas que não conhecíamos. Pedro falou diante da multidão com eloquência e um conhecimento das Escrituras que surpreendeu os escribas. Onde um pescador comum obtivera tal sabedoria? Nós sabemos que veio de Jesus, derramada nele pelo Espírito Santo!

Eu tinha um dom para línguas, mas naquele dia falei com partos, medos, elamitas e mesopotâmios em línguas que desconhecia até então. Naquele dia de milagres, Cristo falou a todos os homens por meio de nós. O Senhor se manifestou a homens e mulheres da Capadócia, do Ponto, da Ásia e da Frígia. As boas-novas foram transmitidas às famílias da Panfília, do Egito, de Cirene e até da Líbia e da própria Roma! Até os cretenses e os árabes ouviram que Jesus era o Salvador, Senhor de tudo!

Claro que alguns não entenderam. Zombaram, ouvindo naquelas palavras apenas balbucios e absurdos. Suas mentes estavam fechadas, e seus corações, endurecidos para a verdade. Mas milhares ouviram, e três mil homens aceitaram a Jesus como Salvador e Senhor. Em um dia, nosso pequeno grupo de cento e vinte crentes cresceu para mais de três mil! Desde então eu me pergunto: seria um idioma que todos nós falávamos? A língua que todos os homens conheciam antes da Torre de Babel? A língua que todos os crentes um dia falarão no paraíso? Não sei.

Quando Pentecostes terminou, embora não quiséssemos nos separar, a maioria foi para casa, levando o conhecimento de que Jesus Cristo é a ressurreição e a vida, Senhor de toda a criação. Mais tarde, quando comecei minhas viagens com Pedro e Paulo, encontramos aqueles cuja fé se enraizou em Pentecostes e começou a crescer em uma centena de lugares diferentes.

Aqueles de nós que moravam na Judeia permaneceram em Jerusalém. Éramos uma família, reunidos para ouvir os apóstolos ensinarem tudo o que

Jesus lhes havia ensinado. Compartilhávamos as refeições e as orações. Ninguém passava necessidade, pois compartilhávamos tudo o que tínhamos.

O Senhor continuou a manifestar seu poder por meio de Pedro, que curou um coxo.

Pedro, que antes havia negado Cristo três vezes e se escondido com os outros discípulos por medo de perder a vida, agora pregava com ousadia no templo, junto com o jovem João.

Os saduceus e sacerdotes, liderados por Caifás e Anás, negaram a Ressurreição e propagaram mentiras que pagaram a guardas romanos para contar. Mas onde estava o corpo de Jesus? Onde estava a prova? No paraíso!

A mensagem se espalhou, enlouquecendo o sumo conselho. O Espírito Santo moveu-se como fogo pelas ruas de Jerusalém. Mais dois mil logo aceitaram Cristo Jesus como o caminho, a verdade e a vida.

Perseguição e sofrimento vieram rapidamente quando Caifás e outros de mentalidade semelhante tentaram apagar o fogo da fé. Nicodemos e José de Arimateia foram expulsos do alto conselho e evitados pelos líderes religiosos. Pedro e João foram presos. Gamaliel, homem justo e devotado a Deus, falou sabiamente, sugerindo ao conselho esperar e ver se o movimento morreria sozinho.

– Se isso vem de Deus, vocês se verão lutando contra Deus.

O alto conselho ordenou que Pedro e João fossem açoitados antes de serem libertados.

Todos esperávamos que o conselho de Gamaliel influenciasse os líderes. Oramos para que eles se voltassem para Cristo em busca de salvação e se unissem a nós na adoração ao Messias, por cuja vinda oramos por séculos.

Não era para ser. Eles endureceram seus corações contra a prova, com mais medo de perder poder e prestígio do que de passar a eternidade no Seol, longe da misericórdia de Deus.

Na verdade, aprendi ao longo dos anos que os homens recusam o dom gratuito da salvação por meio de Cristo e continuam acreditando que podem se salvar por suas boas ações e adesão às leis e tradições humanas. É um milagre de Deus que um tenha sido salvo.

Nós nos encontrávamos todos os dias no templo. Grupos menores se reuniam em casas por toda a cidade. Aqueles de nós que tinham recursos acolhiam os que tinham perdido suas casas e meios de subsistência. Deus provia. Continuamos ensinando e pregando, apesar de ameaças e espancamentos.

Todas as minhas dúvidas foram varridas quando vi Jesus ressuscitado; meus medos, em Pentecostes. Dei testemunho da alegria da minha salvação. Cada respiração era uma oferenda de ação de graças ao Senhor que me salvara. Deus havia enviado seu Filho, designado herdeiro de todas as coisas, por meio de quem fez o mundo. Jesus irradia a glória de Deus e expressa o caráter de Deus. Ele tudo suporta pelo grande poder de seu comando, comprovado por sua morte na cruz e sua ressurreição. Ele nos purificou dos pecados e agora está sentado à direita de Deus Todo-Poderoso. Ele é o rei dos reis, Senhor dos senhores!

Eu não conseguia falar o suficiente dele. Não podia gastar tempo suficiente na companhia daqueles que o amavam como eu. Mal podia esperar para dizer à ovelha perdida: "Ele é o Cristo de Deus, o Salvador do mundo, o Pastor que o conduzirá para casa".

Talvez fosse devido à minha habilidade de escrever que me tornei membro do primeiro conselho, pois certamente não era digno de estar entre eles.

– Eu era irmão dele e não o conhecia – Tiago me disse, quando tentei recusar. – Fiquei longe quando ele foi crucificado porque tinha vergonha dele. E, ainda assim, ele veio a mim e falou comigo depois que ressuscitou. – Tiago foi um dos líderes que, juntamente com Pedro, se tornou uma rocha da fé.

A cada semana que passava, mais pessoas passaram a acreditar, e o número de reuniões aumentou. À medida que nossos números aumentavam, também cresciam nossos problemas. O diabo é astuto; despertar raiva era uma de suas muitas armas. As discussões começaram entre judeus que tinham vivido na Judeia toda a vida e aqueles que tinham vindo da Grécia. Os Doze passavam a maior parte do tempo oferecendo a Comunhão e resolvendo disputas, sobrando-lhes pouco tempo para ministrar o que

Jesus lhes havia ensinado. Estavam cada vez mais exaustos. Os ânimos se inflamaram, mesmo entre os Doze.

– Jesus buscou a solidão para orar! – disse Mateus. – Precisava de tempo para ficar a sós com o Pai! Mas eu ainda não tenho um momento para mim!

– O único momento em que estamos sozinhos é no meio da noite – Filipe murmurou.

João se recostou.

– Eu estou tão cansado para pensar, quanto mais para orar.

– O Senhor sempre encontrou tempo. – Pedro andou de um lado para o outro. – Devemos encontrar tempo também.

– Essas pessoas têm tantas necessidades!

Tiago, Judas e eu discutimos o problema longamente e oramos. Procuramos encorajar e ajudar quando podíamos, mas não encontramos uma solução.

Então alguém disse:

– Por quanto tempo podemos arcar com toda a carga sem que ocorra um colapso completo? Até Moisés tinha setenta ajudantes.

Isso me fez pensar e dizer:

– Um proprietário de terras tem capatazes que contratam trabalhadores para arar, semear e colher.

– Sim, e um exército tem um comandante que dá ordens a seus centuriões, que conduzem os soldados para a batalha.

Os Doze se reuniram em oração, e então convocaram todos os discípulos. Sete homens deveriam ser escolhidos entre nós para servir as mesas. Daquele dia em diante, em benefício de todos, os Doze se dedicariam à oração e ao ensino da Palavra.

Nossas reuniões eram tranquilas e alegres.

Mas lá fora, nas ruas da cidade, a perseguição piorou. Os líderes religiosos disseram que éramos um culto destinado a atrair o povo em vez de adorar o Senhor em seu santo templo. Nós nos encontrávamos diariamente nos corredores e às vezes éramos mandados para as ruas. Quando pregávamos nas ruas, éramos presos. Estêvão, um dos sete escolhidos para servir à igreja, realizou maravilhas que levaram muitos a crer em Cristo. Membros da Sinagoga dos Escravos Libertos discutiram com ele. Tendo falhado em vencê-lo, mentiram e contaram aos membros do alto conselho que Estêvão dissera blasfêmias. Preso, Estêvão foi levado perante o sumo conselho. Suas palavras enfureceram tanto os membros que eles o expulsaram da cidade e o apedrejaram até a morte.

A preocupação não impediu a propagação das boas-novas. Embora os apóstolos resistissem, a perseguição levou muitos crentes a abandonar Jerusalém, espalhando-os por toda a Judeia e Samaria. Como sementes lançadas pelo vento, seu testemunho por Cristo foi plantado em todos os lugares onde eles se estabeleceram.

O conselho tentou abafar a mensagem, mas o Espírito Santo ardia dentro de nós. Íamos diariamente ao templo, às sinagogas da vizinhança e de casa em casa, ensinando e pregando que Jesus era o Cristo. Filipe foi para Samaria. Quando ouvimos quantos vieram a crer em Cristo lá, Pedro e João desceram para ajudar.

Não senti nenhum chamado de Deus para deixar Jerusalém, nem mesmo quando fui arrastado para fora da minha cama na calada da noite e espancado tão severamente que os ferimentos levaram meses para cicatrizar.

– Você blasfema contra Deus, chamando Jesus de Nazaré de Messias.

Seis fariseus quebraram todas as urnas, derrubaram cortinas, rasgaram almofadas e derramaram óleo sobre os tapetes persas, enquanto eu era acusado, espancado e chutado.

– Devemos queimar este lugar para que eles não possam se encontrar aqui novamente!

– Se incendiarem esta casa, o fogo pode se espalhar para a rua e além.

– Se você pregar mais uma palavra sobre esse falso messias, blasfemador, eu o matarei.

Eu queria ter a fé de Estêvão e pedir perdão a Deus para eles, mas não tinha fôlego para falar. Tudo que podia fazer era olhar para o rosto de meu agressor.

Eu o tinha visto no templo entre os alunos de Gamaliel.

Todos nós aprendemos a temer o nome Saulo de Tarso.

Nos meses seguintes, enquanto eu convalescia, servindo ao Senhor com pena e tinta, ouvi falar da conversão de Saulo. Dei pouca credibilidade aos rumores, pois tinha visto seu rosto tão cheio de ódio que me parecera grotesco. Tinha sentido seu calcanhar no meu peito.

– Ouvi dizer que ele conheceu Jesus na estrada para Damasco.

Pensei imediatamente em minha própria experiência, mas descartei o pensamento. Alguns diziam que Saulo estava cego. Outros, que ele ainda vivia em Damasco com um homem que aceitara Cristo como Messias durante o Pentecostes.

Sabíamos que Saulo tinha ido para Damasco com cartas do sumo conselho que lhe davam permissão para encontrar todos os que pertenciam ao Caminho e trazê-los cativos para julgamento em Jerusalém. Nicodemos e José de Arimateia nos contaram que Saulo estava com os homens que mataram Estêvão. Escrevi cartas para avisá-los do perigo e dizer-lhes para confiar em Deus para protegê-los.

Ouvimos que o grande perseguidor havia sido batizado. E houve o relato de que Saulo estava declarando que Jesus era o Cristo nas sinagogas de Damasco. Outro relatou que Saulo, o fariseu, tinha ido para a Arábia. Por quê, ninguém sabia dizer.

Os homens vivem na esperança de que seus inimigos se arrependam, e Saulo de Tarso havia provado que era um inimigo.

Duvidei de todos os relatos sobre a transformação de Saulo. Esperava nunca mais ver seu rosto.

José, um levita de origem cipriota, disse-me:

– Saulo está em Jerusalém! – Todos nós chamávamos José de "Barnabé", porque ele constantemente encorajava todos na sua fé, mesmo aqueles que choramingavam incessantemente sobre suas circunstâncias. – Ele gostaria de falar conosco.

Ah, Barnabé, aquele que sempre pensa o melhor de um homem. Mesmo um homem como Saulo de Tarso! Lembro a primeira vez que senti raiva dele. Não tinha esquecido a noite que o fariseu entrou em minha casa, nem as semanas de dor que sofri até que minhas costelas quebradas se curassem. Eu não confio nele.

– Os fariseus o desprezam, Silas. Ele está escondido. Você ficou sabendo que os sacerdotes subiram a Damasco para encontrá-lo e, quando o acharam, ele estava pregando em uma sinagoga que Jesus é o Cristo? Eles discutiram, mas ele os confundiu com provas das Escrituras. Ele conhece a Torá e os profetas melhor do que ninguém.

Insisti na teimosia.

– A melhor maneira de encontrar e matar todos nós é fingir ser um de nós, José.

Barnabé estudou meu rosto com olhos muito parecidos com os de Jesus.

– Você guarda rancor pelo que ele lhe fez?

Suas palavras me tocaram profundamente, e respondi entre dentes:

– Não tenho o direito de julgar nenhum homem. Nenhum de nós tem. Mas devemos ter discernimento, José. Devemos ver que fruto dá uma árvore.

Barnabé não se deixou convencer.

– E como alguém pode ver se não olhar?

– Você o conheceu.

– Sim. Eu o conheci. E gosto dele.

– Você gosta de todo mundo. Se conhecesse o rei Herodes, você gostaria dele.

– Você tem medo de Saulo.

– Sim, tenho medo. Qualquer um em sã consciência teria medo dele!

– Garanto-lhe que estou no meu juízo perfeito, Silas, e devemos nos encontrar com Saulo. Ele é um crente. Mais zeloso do que qualquer um que conheço.

– De fato, ele é zeloso. Vi quanto ele é zeloso. Você esteve em Damasco?

– Não.

– Não sou tão rápido quanto você para acreditar em relatos de homens que não conheço. E se for tudo uma trama elaborada para caçar e matar Pedro e os outros?

– Jesus disse que não devemos temer a morte, Silas. O amor perfeito expulsa todo temor.

Palavras gentis, mas uma lança para o meu coração.

– Então nós sabemos, não é? Meu amor não é perfeito.

Seus olhos se encheram de compaixão.

– É medo, Silas, ou ódio que está na origem de suas suspeitas?

Confrontado, confessei.

– Ambos.

– Ore por ele, então. Você não consegue odiar um homem quando reza por ele.

– Depende da oração.

Ele riu e me deu um tapa nas costas.

O conselho se reuniu. Barnabé defendeu Saulo com veemência. Suas palavras desafiaram nossa fé em Deus. Não devíamos temer nenhum homem, só Deus. E Deus já havia recebido Saulo. A prova estava em seu caráter mudado, na força de sua pregação, duas evidências do Espírito Santo.

Naturalmente, Barnabé se virou para mim.

– O que você acha, Silas? Devemos confiar nele?

Mais um teste para minha fé. Eu queria dizer que era muito tendencioso para dar uma opinião. A saída de um covarde. Jesus conhecia a verdade, e o Espírito Santo que habitava em mim não me daria paz até que eu me arrependesse de minha amargura.

– Confio em você, Barnabé. Se você diz que Saulo de Tarso acredita que Jesus é o Cristo, então é porque ele acredita.

Quando o homem que eu esperava nunca mais ver se postou diante dos membros do conselho, eu me perguntei se ele havia mudado. Não se vestia mais com a elegância de um fariseu, mas os olhos eram os mesmos, escuros e brilhantes, e seu rosto revelava muita tensão. Ele olhou ao redor da sala, diretamente nos olhos de cada homem. Quando seu olhar se fixou em mim, franziu a testa. Estava tentando lembrar onde tinha me visto. Percebi o momento em que se lembrou.

Saulo corou. Fiquei atordoado quando seus olhos se encheram de lágrimas. Mas ele me surpreendeu ainda mais.

– Peço-lhe perdão – ele disse, com uma voz dolorida.

Nunca esperei que ele fosse falar daquela noite, certamente não ali, entre aqueles homens.

Foi o olhar de vergonha que me convenceu.

– Eu devia tê-lo perdoado há muito tempo. – Levantei-me e dei um passo na direção dele. – Seja bem-vindo, Saulo de Tarso.

Saulo não ficou muito tempo em Jerusalém. Seu zelo lhe criou problemas com os judeus de língua grega, que não conseguiam derrotá-lo em debate. Barnabé temeu por ele.

– Eles já tentaram matá-lo mais de uma vez! E terão sucesso se ficarmos aqui.

– Se eu morrer, é a vontade de Deus.

Saulo havia mudado na fé, mas não na personalidade.

– A vontade de Deus ou sua teimosia? – perguntei.

Barnabé falou novamente.

– Não devemos testar o Senhor.

O rosto de Saulo endureceu.

– Você me entende mal.

Encontrei seu olhar.

– Então como se diz quando alguém coloca a cabeça na boca de um leão?

– Nós sempre parecemos cegos às nossas fraquezas e rápidos em apontar as dos outros.

Nós o enviamos a Cesareia e o colocamos em um navio de volta para Tarso.

Os apóstolos iam e vinham, pregando em outras regiões. Os irmãos de Jesus e eu, juntamente com Prócoro, Nicanor, Tímon, Pármenas e Nicolau, permanecemos em Jerusalém, atendendo o rebanho que Caifás, Anás e os outros estavam decididos a destruir. Foi uma luta diária, incentivando os desencorajados, ensinando os novos na fé e provendo aqueles que tinham que deixar suas casas. Pela graça de Deus, ninguém passava fome e todos tinham um lugar onde morar.

Às vezes, sinto falta dos meses que se seguiram a Pentecostes, quando os cristãos se reuniam abertamente no templo e nas casas por toda a cidade. Comemos juntos, cantamos juntos e ouvimos ansiosamente os ensinamentos dos apóstolos. A alegria encheu nossos corações transbordantes. O amor que nos unia era evidente a todos. Mesmo aqueles que não abraçaram Jesus como Salvador e Senhor pensavam bem de nós! Não Caifás, é claro. Não os líderes religiosos, que viam Jesus como uma ameaça ao seu domínio sobre o povo.

Não fugi do sofrimento nem corri para ele. Eu tinha visto Jesus na cruz. E o vira vivo vários dias depois. Não tive dúvida de que ele era o Filho de Deus, o Messias, Salvador e Senhor. Se ao menos todo o Israel o aceitasse!

Mesmo depois de vários anos, mesmo depois que Filipe falou de Jesus a um eunuco etíope, não entendíamos completamente o que Jesus queria dizer com sua mensagem a todos os homens e mulheres, judeus e gentios. Quando Pedro batizou seis romanos em Cesareia, alguns de nós não aceitamos. Como um romano panteísta podia ser aceitável a Deus? Jesus era nosso Messias, aquele por cuja vinda Israel havia esperado durante séculos. Jesus era o Messias judeu.

Que arrogância!

Cleófas me lembrou de que eu era romano. Ofendido, eu lhe disse que era só porque meu pai tinha adquirido a cidadania.

– Você nasceu romano, Silas. E Raabe? Ela não era hebreia.

– Ela se tornou uma.

Essa era a linha do meu raciocínio, por um tempo ao menos. Alguns disseram que esses homens que Pedro trouxera de volta com ele teriam que ser circuncidados antes de se tornarem cristãos.

Simão, o Zelote, deu uma olhada em Cornélio, um centurião romano, e corou até a raiz dos cabelos pretos.

– A lei nos proíbe de nos associarmos com estrangeiros, Pedro, e ainda assim você entrou na casa de um romano incircunciso e comeu com ele e a família. – E salientou: – Certamente esta não é a vontade do Senhor! – Ele olhou para Cornélio, que o olhou de volta com calma humildade, sua espada ainda na bainha.

Pedro se manteve firme.

– Três vezes o Senhor me disse: "Não chame algo de impuro se Deus o purificou".

Todos falaram ao mesmo tempo.

– Como essas pessoas podem se unir a nós?

– Elas não sabem nada da Lei, nada da nossa história.

– Pergunte a um romano se ele sabe o que significa Messias!

– O Ungido de Deus – disse Cornélio.

Dois judeus tinham vindo de Cesareia com Cornélio e a família.

– Este homem é muito respeitado pelos judeus em Cesareia. Ele é devoto e temente a Deus, assim como toda a sua casa. Reza continuamente e doa generosamente aos pobres.

– Garanto que eles entendem tão bem quanto qualquer um de nós aqui. – Pedro contou que um anjo tinha vindo a Cornélio e lhe dito para mandar chamar Pedro, que estava em Jafa. – No mesmo momento em que o anjo falou com Cornélio, o Senhor me mostrou uma visão. Três vezes o Senhor falou comigo que eu não devia continuar pensando que um homem é impuro por causa do que ele come ou se foi circuncidado. Deus não é parcial. As Escrituras confirmam isso. Esse é o grande mistério que esteve escondido de nós por séculos. O Senhor disse a Abraão que ele seria uma bênção para muitas nações. E foi isso que o Senhor quis dizer. A salvação por meio de Jesus Cristo é para todos os homens, em todos os lugares, para judeus e gentios.

Cleófas olhou para mim e ergueu as sobrancelhas. Eu conhecia as Escrituras e senti a convicção do Espírito Santo.

Pedro estendeu as mãos.

– Por que devemos duvidar disso? Jesus foi aos samaritanos, não foi? Foi às Dez Cidades. Atendeu ao pedido de uma mulher fenícia. Por que deveria nos surpreender que o Senhor tenha enviado o Espírito Santo a um centurião romano que orou e viveu para agradar a Deus?

A rede de dádivas fora lançada mais longe do que imaginávamos.

Pedro saiu de Jerusalém e viajou por toda a Judeia, Galileia e Samaria. O Senhor trabalhou poderosamente por meio dele aonde quer que ele fosse. Jesus curou um paralítico em Lod e ressuscitou uma mulher em Jafa.

Para fugir à perseguição, alguns cristãos se mudaram para a Fenícia, Chipre e Antioquia. Em breve crentes de Chipre e Cirene chegaram a Antioquia e começaram a pregar aos gentios. Enviamos Barnabé para investigar. Em vez de voltar, ele enviou cartas: "Testemunhei a graça de Deus aqui". Ele ficou para encorajar os novos crentes. "Grandes números estão vindo a Cristo. Eles precisam de ensinamentos sólidos. Vou a Tarso para encontrar Saulo."

Foram anos difíceis de privações devido à seca. As colheitas morreram por falta de chuva. O trigo ficou caro. Tornou-se cada vez mais difícil prover aqueles que permaneceram em Jerusalém. Contornamos a situação e não pedimos nada dos incrédulos, mas oramos para que a sabedoria de Deus fizesse o melhor uso de nossos recursos.

Barnabé e Saulo chegaram com uma caixa cheia de moedas de crentes gentios.

– Ágabo profetizou que uma fome virá afetar o mundo inteiro.

Um gentio profetizando? Nós nos admiramos.

– Os cristãos em Antioquia enviam esse dinheiro para ajudar seus irmãos e irmãs na Judeia.

Todos nós, judeus e gentios, estávamos unidos por um amor além do nosso entendimento.

A fome veio durante o reinado de Cláudio.

A perseguição piorou.

O rei Herodes Agripa prendeu vários dos apóstolos. Para agradar aos judeus, ordenou que Tiago, irmão de João, fosse morto à espada. Quando

Pedro foi preso, tentamos obter informações na esperança de resgatá-lo, mas soubemos que ele tinha sido entregue a quatro esquadrões de guardas e acorrentado nos porões da masmorra sob o palácio do rei.

Nós nos encontramos em segredo na casa de Maria, loucos de preocupação. Seu filho, João Marcos, também tinha ido a Antioquia com Barnabé e Saulo. Discutimos todos os planos possíveis, ultrajados e sem esperança. Com tantos guardas, sabíamos que ninguém poderia entrar na prisão, libertar Pedro e tirá-lo dali vivo. Pedro estava nas mãos de Deus, e nada podíamos fazer além de orar. Foi o que fizemos, hora após hora, de joelhos. Imploramos a Deus pela vida de Pedro. Ele era como um pai para todos nós.

A cidade se encheu de visitantes para a Páscoa. O rei Herodes prometeu revelar o maior discípulo de Jesus, "o grande pescador", Pedro. Sabíamos que, se Deus não interviesse, Pedro seria crucificado assim como Jesus.

Oramos para que, se Pedro fosse crucificado, Deus o ressuscitasse como fizera com Jesus. Quem então poderia negar Jesus como Messias, Senhor e Salvador do mundo?

Confesso que não tinha esperança de vê-lo novamente.

Alguém bateu na porta. Quem quer que fosse conhecia nosso código. Enviamos uma criada para abrir o portão, mas ela voltou correndo.

– É Pedro.

– Você está louca.

– Conheço a voz dele.

– Como ele pode estar no portão se está acorrentado na masmorra?

A batida se repetiu, dessa vez com mais firmeza. Cleófas e eu fomos abrir. E lá estava ele, grande e ousado como sempre! Rindo, abrimos a porta e teríamos gritado para os outros, se ele não tivesse tido a presença de espírito de nos calar.

– Eles estão me procurando.

Que história ele nos contou!

– Fui acordado quando dormia entre dois guardas. E lá estava um anjo do Senhor, bem na minha cela. Estava tudo aceso. As correntes caíram de minhas mãos e a porta se abriu. E eu continuei lá, sentado. – Ele sorriu.

– Ele teve que me dizer para me levantar! "Rápido!", ele me disse. "Coloque a capa e me siga." Foi o que eu fiz. Nenhum guarda nos viu sair. Nenhum! Ele me levou até o portão. – Pedro abriu bem os braços. – E ele abriu sozinho! Caminhamos por uma rua e então o anjo desapareceu. Pensei que estivesse sonhando! – E riu novamente.

Todos nós rimos.

– Se você estava sonhando, nós também estamos!

– Precisamos contar aos outros que você está seguro, Pedro.

– Mais tarde – eu disse. – Primeiro devemos tirá-lo de Jerusalém antes que Herodes envie soldados para encontrá-lo.

Herodes o procurou, mas, como Pedro não pôde ser encontrado, mandou crucificar os dois guardas no lugar de Pedro, sob a acusação de abandono do dever, e deixou seus corpos apodrecendo no Gólgota.

João Marcos voltou a Jerusalém, e Maria veio falar comigo. Seu marido e meu pai se conheciam.

– Ele está envergonhado, Silas. Sente-se um covarde. Não vai me dizer o que aconteceu em Perga. Talvez fale com você.

Quando cheguei à casa de Marcos, ele não conseguia me olhar nos olhos.

– Minha mãe lhe pediu para vir, não foi?

– Ela achou que seria mais fácil para você falar comigo.

Ele pôs as mãos na cabeça.

– Achei que conseguiria e não consegui. Sou tão covarde agora quanto na noite em que Jesus foi preso. – Ele olhou para mim. – Fugi naquela noite. Você ficou sabendo? Um homem me agarrou, e lutei tanto que minha túnica foi rasgada. E corri. Não parei de correr. – Ele enterrou a cabeça nas mãos. – Acho que ainda estou fugindo.

– Todos o abandonaram, Marcos. Eu o rejeitei, lembra? Só quando vi Jesus vivo novamente eu o aceitei.

– Você não entende! Foi minha oportunidade de provar meu amor por Jesus e falhei. Paulo queria continuar. Eu disse a Barnabé que para mim bastava. Paulo quase me matou de susto. Eu queria voltar para casa. Não sou muito homem, sou?

– Quem é Paulo?

– Saulo de Tarso. Ele está usando seu nome grego para que o ouçam. – Ele se levantou e caminhou de um lado para outro. – Ele não tem medo de ninguém! Quando estávamos em Pafos, o governador Sérgio Paulo tinha um mago, um judeu chamado Elimas. O governador o ouvia, e por isso ele nos causou todo tipo de problema. Pensei que seríamos presos e jogados na prisão. Eu queria ir embora, mas Paulo não quis saber disso. Disse que tínhamos que voltar. Não daria ouvidos à razão.

– O que aconteceu?

– Ele disse que Elimas era uma fraude! Ele era, é claro, mas dizer isso no tribunal do governador? E não parou por aí. Disse que Elimas era filho do diabo. E lá estava Elimas, lançando maldições sobre nós, e o rosto de Sérgio Paulo estava ficando cada vez mais vermelho. Ele sinalizou para os guardas, e pensei: "É aqui que vou morrer". E lá estava Paulo, apontando para Elimas e dizendo-lhe que a mão do Senhor estava sobre ele e que ele ficaria cego. E de repente ele ficou mesmo. Os guardas recuaram. Elimas se debateu, gritando por socorro. – João Marcos fez uma pausa. – O governador ficou tão pálido que pensei que fosse morrer. Mas então ele ouviu Paulo. Estava com muito medo de não ouvir. – João Marcos ergueu os braços em frustração. – Ele até ordenou um banquete, e Paulo e Barnabé passaram toda a noite conversando com ele sobre Jesus e dizendo-lhe como poderia ser salvo de seus pecados. Mas tudo que eu queria fazer era sair dali e ir para casa!

– Sérgio Paulo acreditou?

João Marcos deu de ombros.

– Não sei. Ele ficou aturdido. Se isso significa que ele acreditou, só o Senhor sabe. – Ele bufou. – Talvez ele tenha pensado que Paulo era um mágico melhor do que Elimas.

– Como você chegou em casa?

Ele se sentou e encolheu os ombros novamente.

– Nós nos lançamos ao mar em Pafos. Quando chegamos a Perga, pedi a Barnabé dinheiro suficiente para chegar em casa. Ele tentou me convencer a não partir...

– E Paulo?

– Apenas olhou para mim. – Os olhos de João Marcos se encheram de lágrimas. – Ele acha que não tenho fé.

– Ele disse isso?

– Não precisava dizer, Silas! – Cruzando os braços ao redor dos joelhos, ele baixou a cabeça. – Eu tenho fé! – Seus ombros tremeram. – Eu tenho! – Ele olhou para cima, zangado por ter que se defender. – Mas não a ponto de fazer o que ele está fazendo. Não posso debater nas sinagogas ou pregar às multidões que não conheço. Paulo fala grego fluentemente como você, mas eu me atrapalho quando as pessoas começam a fazer perguntas. Não consigo pensar rápido para recitar as profecias em hebraico e muito menos em outra língua! – Ele parecia infeliz. – Então, mais tarde penso em todas as coisas que poderia ter dito, que deveria ter dito. Mas é tarde demais.

– Existem outras maneiras de servir ao Senhor, Marcos.

– Diga-me uma coisa que eu possa fazer, uma coisa que fará diferença para alguém!

– Você passou três anos seguindo Jesus e os discípulos. Estava no jardim do Getsêmani na noite em que Jesus foi preso. Escreva o que você viu e ouviu – Coloquei a mão no ombro dele. – Você pode pensar sobre todas essas coisas e então anotá-las. Diga a todos o que Jesus fez pelo povo, os milagres que você presenciou.

– Você é o escritor.

– Você estava lá. Eu, não. Seu relato como testemunha ocular vai encorajar outros a acreditarem na verdade: que Jesus é o Senhor. Que ele é Deus entre nós.

João Marcos ficou melancólico.

– Jesus disse que não veio para ser servido, mas para servir aos outros e dar sua vida para a salvação de muitos.

O semblante do jovem se transformou quando ele falou de Jesus. O conhecimento em primeira mão que ele tinha do Senhor o acalmou. Ninguém jamais duvidaria do amor de João Marcos por Jesus, nem da paz que adquirira de seu relacionamento com ele.

– Escreva sobre o que você sabe, para que outros possam conhecê-lo também.

– Posso fazer isso, Silas, mas quero fazer mais. Não quero mais fugir e me esconder. Quero contar às pessoas sobre Jesus, pessoas que nunca imaginariam um Deus como ele. Só não me sinto... preparado.

Eu sabia que um dia Marcos se postaria firmemente diante de multidões e falaria com ousadia de Jesus como Senhor e Salvador de todos. E disse-lhe isso. Deus usaria o coração de seu servo ansioso. Ele tinha passado a vida em sinagogas e aos pés de rabinos, como eu. Mas seu treinamento não fora muito além de Cesareia.

– Se quer sair entre os gentios para pregar, Marcos, você deve fazer mais do que falar a língua deles. Você precisa aprender a pensar em grego. Isso deve se tornar tão natural para você quanto o aramaico e o hebraico.

– Pode me ajudar?

– Deste dia em diante, falaremos em grego.

E assim o fizemos, embora sua mãe fizesse uma careta toda vez que ouvia o filho falar a língua dos gentios pagãos e incircuncisos.

– Eu sei, eu sei – disse ela, depois de questionar minha sabedoria sobre o assunto. – Se eles entenderem quem é Jesus e o aceitarem como Salvador e Senhor, deixarão de ser góis; serão cristãos. – Às vezes os velhos preconceitos surgiam para desafiar nossa fé nos ensinamentos de Jesus.

João Marcos se juntou a nós.

– Aos olhos de Caifás e dos demais, mãe, somos tão góis quanto os gregos e romanos.

– Você estava nos ouvindo atrás porta.

– Sua voz é forte.

– Os velhos preconceitos não existem mais, mãe. Os cristãos não têm mais barreiras de raça, cultura ou classe.

– Sei disso na minha cabeça, mas às vezes meu coração demora a acreditar. – Ela colocou as mãos em seus ombros. Ele se inclinou para receber seu beijo. – Vá com minha bênção – ela disse, e acenou para nós dois.

Paulo e Barnabé escreveram cartas de Antioquia da Pisídia, onde pregavam nas sinagogas. Alguns judeus ouviram e acreditaram; muitos não. Alguns incitaram influentes mulheres religiosas e líderes da cidade, provocando um motim. Paulo e Barnabé foram expulsos da cidade.

– Aonde quer que vamos, alguns judeus nos perseguem, determinados a nos impedir de pregar Cristo como Messias nas sinagogas.

Mesmo quando foram para Icônio e pregaram aos gentios, esses inimigos envenenaram as mentes contra a mensagem. Como sempre, Paulo não desistiu. – Vamos ficar aqui enquanto Deus permitir e falar de Cristo crucificado, sepultado e ressuscitado.

Ficaram muito tempo em Icônio, até que judeus e gentios se uniram em uma trama para apedrejar Paulo. Eles escaparam para Listra e depois para Derbe. Apesar dos riscos, continuaram a pregar. Curaram um aleijado em Listra, e os gregos pensaram que eles eram deuses. Paulo e Barnabé tentaram impedir a multidão de adorá-los, e os judeus de Antioquia aproveitaram a oportunidade para virar a turba contra eles.

"Paulo foi apedrejado pela turba", escreveu Barnabé. "Os judeus de Antioquia arrastaram seu corpo para fora do portão da cidade e o deixaram lá. Todos nós saímos e nos reunimos ao redor dele e oramos. Quando o Senhor o ressuscitou, nosso temor e desespero desapareceram. Nem judeus nem gentios ousaram tocar em Paulo quando voltamos para a cidade. O Senhor foi glorificado! Amigos trataram das feridas de Paulo e então viajamos a Derbe e pregamos lá, antes de retornar a Listra para fortalecer os crentes e encorajar nossos irmãos e irmãs a se apegarem firmemente à sua fé quando a perseguição viesse."

Outra carta chegou da Panfília. Eles pregaram em Perga e Atália. Outros também escreveram: "Paulo e Barnabé retornaram de navio para Antioquia da Síria".

Os relatos nos encorajaram em Jerusalém.

Mas surgiram problemas. Falsos ensinamentos ocorreram quando os discípulos seguiram em frente. Voltando a Antioquia, Paulo e Barnabé descobriram um problema que ameaçava a fé de gentios e judeus. Eles vieram a Jerusalém para discutir a questão que já estava causando dissensão entre irmãos judeus e gentios.

– Alguns cristãos judeus estão ensinando que a circuncisão é requerida dos gentios para a salvação.

Todos os membros do conselho da igreja em Jerusalém tinham nascido judeus e seguido a Lei por toda a vida. Todos tinham sido circuncidados oito dias após o nascimento. Todos viviam sob o sistema sacrificial estabelecido por Deus. Mesmo à luz do fato de Cristo ter sido crucificado e ressuscitado, era difícil nos desfazermos das leis pelas quais tínhamos sido criados.

– É um sinal da aliança!

– A velha aliança! – Paulo argumentou. – Somos salvos pela graça. Se exigirmos que esses gentios sejam circuncidados, estaremos voltando à Lei que nunca fomos capazes de cumprir. Cristo nos libertou desse peso!

Nenhum de nós no conselho poderia se orgulhar da herança de Paulo. Nascido judeu, filho da tribo de Benjamim, um fariseu e célebre aluno de Gamaliel, ele viveu em estrita obediência à Lei de nossos pais, possuidor de um zelo comprovado em sua brutal perseguição a nós antes de Jesus o confrontar no caminho de Damasco. No entanto, ali estava Paulo, debatendo ferozmente contra impor o jugo da Lei aos cristãos gentios!

– São falsos ensinamentos, meus irmãos! O Espírito Santo já se manifestou na fé desses gentios. Não se esqueçam de Cornélio! – Todos olharam para Pedro, que assentia pensativamente.

Paulo e Barnabé relataram sinais e maravilhas ocorridos entre os gregos em Listra, Derbe e Icônio.

– Esses eventos são prova suficiente de que Deus os aceitou como filhos. – Paulo ficou mais impetuoso. – Deus os aceita. Como podemos sequer pensar em voltar à Lei da qual Cristo nos libertou? Não pode ser!

Pedimos a Paulo e Barnabé que se retirassem para que pudéssemos orar sobre o assunto e discuti-lo mais. Os olhos de Paulo faiscaram, mas ele não disse mais nada. Mais tarde, ele me confidenciou que queria discutir mais o assunto, mas sabia que o Senhor o estava treinando na paciência. Ri muito disso.

Não foi uma questão de fácil decisão. Éramos todos judeus, e a Lei de Moisés estava enraizada em nossa mente desde a infância. Mas Pedro falou por todos nós quando disse: "Todos nós fomos salvos da mesma maneira, pela graça imerecida do Senhor Jesus". Ainda havia outras preocupações a resolver, razão pela qual alguma orientação devia ser dada a esses novos gentios cristãos, para que não fossem facilmente atraídos de volta ao culto licencioso de sua cultura. Eu tinha viajado mais do que a maioria dos membros do conselho e podia falar sobre essas questões com conhecimento pessoal. Tinha visto práticas pagãs, assim como meu pai, que viajara para a Ásia, Trácia, Macedônia e Acaia e me contara o que vira. Não podíamos simplesmente dizer que todos fomos salvos pela graça e nada mais!

Tiago falou em busca de um acordo.

Enquanto o conselho discutia, eu atuava como secretário e fiz uma lista dos pontos mais importantes sobre os quais concordávamos. Precisávamos tranquilizar os cristãos gentios da salvação pela graça de nosso Senhor Jesus e encorajá-los a se abster de comer alimentos ofertados aos ídolos, de envolver-se em imoralidade sexual, de comer carne de animais estrangulados e de consumir sangue, coisas que eles podiam ter praticado enquanto adoravam falsos deuses. Todos concordaram que Tiago e eu devíamos redigir a carta.

– Alguém deve levá-la para o norte, para Antioquia, para que ninguém possa dizer que Paulo ou Barnabé a escreveram.

Tiago era necessário em Jerusalém. Judas (também chamado Judas Barsabás) se ofereceu e então me sugeriu como companheiro.

Pedro concordou.

– Já que o texto será escrito por sua mão, Silas, você deve ir e testemunhar. Então não haverá dúvida de sua origem.

Ah, como meu coração batia de emoção! E pavor. Fazia mais de dez anos que eu tinha me aventurado fora das fronteiras da Judeia.

Era hora de fazer isso.

Enquanto me preparava para a viagem com Judas, Paulo e Barnabé, João Marcos veio me ver. Seu grego estava muito melhor, assim como sua confiança, e ele acreditava firmemente que o Senhor o estava chamando de volta para a Síria e Panfília. Ele me pediu para falar com Paulo em seu nome, com o que concordei.

Eu não esperava uma recusa tão firme de um homem que discutia tão apaixonadamente em favor do perdão divino!

– Deixe-o ficar em Jerusalém e servir! Ele foi chamado uma vez antes e virou as costas para o Senhor.

– Foi chamado, Paulo, mas não totalmente preparado.

– Não temos tempo para mimá-lo, Silas.

– Ele não lhe pede isso.

– Quanto tempo ele levaria para sentir falta da mãe?

Seu sarcasmo era irritante.

– Ele tinha outros motivos além de perder a família, Paulo.

– Ninguém me convence de que ele é confiável.

Então abandonei o assunto, determinado a retomá-lo no dia seguinte, quando ele teria tempo para pensar mais sobre o assunto. Barnabé tentou me prevenir.

– É pecado guardar rancor, Barnabé. – Estamos tão dispostos a ver os defeitos nos outros, deixando de vê-los em nós.

– Ele está determinado a espalhar a mensagem de Cristo como nenhum outro homem que conheço. Paulo não pode aceitar que outros homens não estejam tão motivados quanto ele.

Ignorando seu sábio conselho, tentei novamente. Pensei em ir ao cerne do assunto.

– Você falou eloquentemente de perdão, Paulo. Não pode oferecer algum a João Marcos?

– Eu o perdoei.

Seu tom me irritou.

– Que gentil de sua parte!

Com que facilidade esquecemos que palavras duras servem apenas para alimentar as chamas da raiva.

Paulo olhou para mim, olhos sombrios, faces coradas.

– Ele nos abandonou em Perga! Posso perdoá-lo, mas não posso esquecer sua covardia.

– João Marcos não é covarde!

– Eu teria mais respeito por ele se ele falasse por si mesmo!

Tudo o que eu tinha feito só havia piorado as coisas.

Imediatamente após nossa chegada a Antioquia da Síria, li a carta à congregação. Os cristãos gentios ficaram aliviados pelas instruções do conselho de Jerusalém, enquanto alguns cristãos judeus protestaram. Quando a semente de orgulho se enraíza, é difícil desenterrá-la. Judas e eu ficamos para ensinar a mensagem da graça de Cristo a todos os que acreditavam em sua crucificação, sepultamento e ressurreição. Alguns judeus saíram; preferiram não ouvir mais. Continuamos a encorajar aqueles que não foram enganados pelo orgulho dos homens em suas boas obras. Esperávamos fortalecer sua fé, para que eles pudessem resistir à perseguição que sabíamos que viria.

Muitas vezes, ouvi Paulo pregar. Era um grande orador, que apresentava a mensagem com provas das Escrituras. Era capaz de passar do grego ao aramaico com facilidade. Nunca se rendia quando contestado, mas usava seu intelecto considerável para conquistar adeptos ou para despertar uma multidão enfurecida! Nenhuma pergunta o embaraçava.

Comecei a entender a dificuldade de João Marcos. Um homem com uma dramática experiência de conversão, poderes intelectuais e educação como Paulo poderia fazer o cristão mais fiel se sentir mal preparado para servir ao lado dele. Se não fosse pelas vantagens recebidas na juventude, eu também poderia ter me intimidado. Eu não tinha medo de Paulo, mas seu caráter apaixonado e sua confiança de estar sempre certo me irritaram em inúmeras ocasiões. O fato de ele estar certo ganhou meu respeito, se não meu afeto. Afeição fraternal desenvolvida mediante longo conhecimento.

Uma carta chegou de Jerusalém.

Paulo me observou ler o pergaminho.

– O que há de errado?

– Nada está errado. – Enrolei o pergaminho de novo, me perguntando por que sentia uma decepção tão profunda por ser chamado para casa. – Judas e eu devemos voltar a Jerusalém.

– Uma vez que as coisas estejam resolvidas lá, volte para Antioquia.

Sua ordem me surpreendeu. Tínhamos nos falado pouco desde nossa discussão sobre João Marcos. Embora nos respeitássemos, compartilhando a fé em Jesus, uma barreira permaneceu entre nós que nenhum dos dois tinha se esforçado para destruir.

– Você é um bom professor, Silas.

Diante do elogio, ergui as sobrancelhas e inclinei a cabeça.

– Assim como você, Paulo. – Não era uma lisonja. – Nunca ouvi um homem argumentar a favor de Cristo tão completamente. Se a fé viesse pela razão, o mundo inteiro aceitaria Jesus como Senhor.

– Devemos fazer como Jesus ordenou! Devemos viajar por todas as nações e fazer discípulos!

– É o que você e Barnabé farão.

– E outros. – Sorri fracamente. – Eu quis dizer João Marcos.

– Você está bem preparado para o trabalho, Silas.

O conselho tem doze membros, que podem convocar outros que conheceram Jesus pessoalmente e andaram com ele durante aqueles três anos que ele pregou. Deixe o conselho lançar a sorte para substituí-lo.

Um homem gosta de se considerar indispensável.

– Eu não presumiria...

– É presunção pedir o desejo de Deus neste assunto? Pude vê-la em seu rosto quando você leu a carta que está segurando. Você prefere ensinar administração.

– Conheço mais de administração do que de ensino.

– Quando nos regozijamos no Senhor, ele nos dá o desejo de nossos corações. As Escrituras nos dizem isso. E seu desejo é sair pelo mundo e pregar. Você pode negar isso?

– Cada um de nós tem o seu lugar no corpo de Cristo, Paulo. Devo servir onde for necessário.

Ele ia dizer mais, mas calou-se. Balançou a cabeça, abriu os braços e partiu.

Judas e eu voltamos a Jerusalém e ao conselho. Falei com João Marcos e vi sua decepção.

– Irei para Antioquia e falarei pessoalmente com Paulo. Depois que conversarmos, talvez ele veja que perdi minha timidez.

Achei uma ideia sábia. O jovem era primo de Barnabé, que poderia encorajar Paulo a lhe dar uma segunda chance. Quanto ao meu desejo de voltar a Antioquia, deixei ao Senhor. Eu sabia que havia outros que poderiam viajar com Paulo, homens que saberiam melhor do que eu lidar com sua forte personalidade. Mas eu queria ir. Ele desafiou minha fé. Ninguém podia ser complacente em sua companhia.

Não muito depois de João Marcos deixar Jerusalém, chegou uma carta de Antioquia dirigida a Pedro e Tiago.

"Silas, Paulo pede que você seja liberado do conselho para poder viajar com ele pela Síria e pela Cilícia. Ele quer visitar as igrejas que inaugurou e ver o que estão fazendo."

O pedido me surpreendeu.

– E Barnabé? Está doente?

– Ele e João Marcos foram para Chipre.

Eu podia imaginar o que tinha acontecido entre Paulo e Barnabé. Paulo não cedera, e Barnabé não pudera derrotar o espírito do primo. Nem deveria.

Pedro olhou para mim.

– Paulo lhe falou sobre isso quando você esteve em Antioquia?

– Sim. – Eu podia sentir os olhares dos outros. – Eu disse a Paulo que serviria onde fosse necessário.

– Você tem orado sobre isso há algum tempo, não é? – Tiago estudou meu rosto.

– Incessantemente.

Os conselheiros discutiram o assunto. Alguns não queriam que eu deixasse Jerusalém. Minhas habilidades administrativas tinham sido úteis à igreja. Mas eu sabia que Paulo estava certo. Outros podiam ocupar meu lugar, homens de forte caráter e fé, que haviam permanecido firmes apesar da perseguição.

– Você tem viajado muito mais do que qualquer homem aqui, Silas. Seria um bom companheiro para Paulo. Sente que o Senhor o chama para esse trabalho?

– Sim. – Eu tinha pedido ao Senhor para me dar uma oportunidade clara se essa fosse sua vontade, e a carta de Paulo e a resposta do conselho haviam eliminado minhas dúvidas.

Outras questões teriam que esperar até que eu encontrasse Paulo em Antioquia.

Oramos e lançamos a sorte. Barsabás foi escolhido para ir em meu lugar. Era um homem honesto e trabalhador, que havia provado seu amor por Jesus e pela igreja em muitas ocasiões.

Parti na manhã seguinte para Antioquia.

– Você o enviou, não foi? – A saudação de Paulo foi fria.

Não precisei perguntar a quem ele se referia. Seu rosto dizia tudo. Sua raiva seria tão profunda a ponto de me impedir de trabalhar com ele?

– João Marcos me disse que pretendia falar com você. Ele pensou que, se lhe falasse, você veria que ele não é mais tão tímido. Vejo que as coisas não correram bem entre vocês.

– Bem o suficiente para outros, mas eu não o queria nesta viagem.

Por "outros", ele queria dizer Barnabé.

– Por que não?

– Não tenho como saber quanto tempo ficaremos fora, Silas. Um ano no mínimo, provavelmente mais. Não estou convencido da dedicação dele.

– E Barnabé discordou.

– Foi a primeira vez que o vi com raiva. Ele insistiu que Marcos vá conosco. Eu me recusei a correr o risco.

Sorri fracamente.

– Como você sabe que terei a coragem de manter o rumo?

Um músculo tremeu perto de seu olho direito.

– Na noite em que coloquei abaixo sua porta, você tinha quebrado tudo em que pudéssemos pôr as mãos, mas não me amaldiçoou, nenhuma vez, nem clamou contra o que eu estava fazendo. – Ele encontrou meu olhar. – Eu pretendia matá-lo, mas seu comportamento deteve minha mão.

– Deus deteve sua mão.

– Eu gostaria que ele tivesse segurado minha mão em outras ocasiões.

Eu sabia que ele se referia a seu papel no apedrejamento de Estêvão.

– Nosso passado é o fardo que deixamos na cruz. – Contei-lhe o que eu tinha feito, de modo que não houvesse segredos entre nós.

– Pelo menos... você nunca cometeu assassinato.

Não pude deixar de sorrir.

– Posso ver claramente que você é um homem ambicioso, Paulo, mas não vamos competir sobre quem é o maior pecador!

Ele pareceu surpreso e depois empalideceu.

– Não! Nós todos temos pecado se comparados ao padrão glorioso de Deus. Esta é a verdade que os homens precisam saber para compreender quanto precisam de nosso Salvador, Jesus Cristo.

Sua declaração angustiada me revelou que o treinamento de um fariseu continuava pondo sua fé à prova. Ele tivera um grande arrependimento. Mas todos nós sentimos remorso por coisas do passado? Nossa cegueira, os dias e anos perdidos em que não vivemos para Cristo? Devemos lembrar uns aos outros: somos salvos pela graça, não por obras. "Não há condenação para aqueles que pertencem a Cristo Jesus." Paulo frequentemente precisaria ser lembrado de suas próprias palavras. "Deus nos salvou por sua graça quando acreditamos. E não podemos levar crédito por isso; é uma dádiva de Deus." Deus havia escolhido aquele homem para dar testemunho, e seu passado violento e hipócrita era prova da capacidade de Deus de transformar um homem em uma nova criatura e colocá-lo em um novo curso.

Seus olhos brilharam de lágrimas.

– Fomos lavados em seu sangue.

– E vestidos por sua justiça.

– Amém – dissemos em uníssono. Rimos com a alegria de homens livres, unidos por um propósito comum.

Paulo me abraçou.

– Vamos nos dar bem juntos, meu amigo.

Sim, iríamos, embora nenhum de nós soubesse quão difíceis seriam nossos dias juntos.

QUATRO

Antes de começarmos nossas viagens, Paulo e eu discutimos nossa estratégia.

– Os gregos nada sabem das Escrituras – disse ele –, de modo que devemos falar com eles de maneira que eles entendam.

Meu pai havia dito a mesma coisa de várias maneiras. Ele insistira que eu tivesse formação em lógica e poesia grega. Eu tinha que saber pensar como os gregos para superá-los no comércio.

Não sobrecarregaríamos as novas congregações com nosso apoio. Eu tinha alguns recursos dos quais podíamos depender, mas Paulo insistiu que trabalharia para viver.

– Fazendo o quê?

– Venho de uma família de fabricantes de tendas. O que você pode fazer?

– Posso traduzir e escrever cartas.

Decidimos ficar nas principais rotas e centros comerciais para que a mensagem tivesse melhor chance de ser transmitida mais rapidamente por meio do império. Começaríamos pelas sinagogas. Lá esperávamos ser acolhidos como viajantes e receber alojamento, bem como a oportunidade de pregar. Concordamos em manter contato com o conselho de Jerusalém por meio de cartas e mensageiros.

– Mesmo que os judeus acolham as boas-novas, não devemos negligenciar a pregação aos gentios nas ágoras.

O mercado era o centro de todas as atividades sociais, políticas e administrativas em todas as cidades, de Jerusalém a Roma, e, como tal, nos daria uma maior oportunidade de conhecer homens e mulheres não familiarizados com as notícias que levávamos.

Feitos os planos, partimos, visitando igrejas na Síria à medida que seguíamos para o norte. Foi uma viagem difícil. Eu não estava acostumado a viajar a pé. Cada músculo do meu corpo doía e a cada dia aumentava meu desconforto, mas Paulo estava sendo guiado e então me guiou também. Não protestei, pois nós dois pensávamos a curto prazo e que Jesus voltaria em breve. Eu sabia que não estava tão velho que meu corpo não se acostumasse às dificuldades da viagem. Levávamos em nossos corações a mensagem mais importante no mundo: o caminho para a salvação da humanidade. O desconforto não nos atrasaria.

Mas os ladrões o fizeram.

Fomos atacados por seis homens quando viajávamos para o norte, cruzando os Montes Tauro. Quando eles nos cercaram, eu me perguntei se Paulo e eu chegaríamos a Issus ou a Tarso. Um ladrão segurou uma faca na minha garganta, enquanto outro me revistava. Dois outros vasculharam as roupas de Paulo em busca de algo de valor. Eu não deveria ter ficado surpreso que ele nada carregasse. Desde o primeiro dia ele havia dito que confiaria em Deus para nos prover. Eu não era tão maduro em minha fé, embora fosse crente por mais tempo do que Paulo. Tinha uma bolsa de moedas enfiadas na minha faixa, que um bandido encontrou quase imediatamente. Além do manto, de uma faixa que meu pai me dera, do tinteiro e estojo de penas e uma pequena faca para rasuras e recortes de papiro, não tinha nada de valor.

– Veja isso! – O ladrão sacudiu minha bolsa de dinheiro e a jogou para o chefe, que abriu e derramou os denários na palma da mão. Ele sorriu, porque não era uma quantia pequena, mas suficiente para muitas semanas.

Outro revistou Paulo.

– Nada! – Chateado, ele empurrou Paulo para longe.

– Posso não ter dinheiro – disse Paulo com ousadia –, mas tenho algo de muito maior valor!

– E o que seria?

– O caminho para sua salvação!

Eles riram. Um deles deu um passo à frente e encostou a lâmina na garganta de Paulo.

– E quanto à sua, seu tolo?

O rosto de Paulo corou.

– Até os ladrões e assaltantes são bem-vindos à mesa do Senhor, desde que se arrependam.

Pude ver quão pouco eles acolheram essa declaração e rezei para que nossa jornada não terminasse com nossas gargantas cortadas em uma estrada empoeirada de montanha. Se esse fosse o nosso fim, decidi não ir silenciosamente para a sepultura.

– Jesus morreu por todos os nossos pecados, tanto seus quanto meus.

– Quem é Jesus?

Contei-lhes tudo em pouco tempo, enquanto rezava para que minhas palavras caíssem como sementes em boa terra. Talvez suas duras vidas tivessem arado o solo e o preparado para a semeadura.

– Eu o vi ser crucificado e o encontrei quatro dias depois. Ele falou comigo. Ele partiu o pão comigo. E vi as cicatrizes dos pregos em suas mãos.

– Ele me confrontou na estrada para Damasco meses depois – disse Paulo, destemido diante da faca em sua garganta. Ele agarrou o pulso do homem e olhou para ele.

– Se você me deixar morto nesta estrada, saiba que eu o perdoo. – Ele falou com tal sinceridade que o homem o encarou. Paulo o soltou. – Rogo ao Senhor que não use seus pecados contra você.

– Deixe-o ir! – rosnou o chefe.

O ladrão se retirou, confuso.

– Aqui! – O chefe arremessou a bolsa de moedas, que peguei contra meu peito.

– O que você está fazendo? – protestaram os outros. – Precisamos desse dinheiro!

– Quer ter o deus deles em nossos calcanhares? Outros virão por esta estrada.

Devia confiar na provisão de Deus ou não?

– Fique com ela! – Joguei a bolsa de volta. – Considere isso um presente do Senhor a quem servimos. É melhor aceitá-la do que roubar os outros e trazer mais pecado sobre vocês.

– Você deve ter cuidado com o que diz. – Um ladrão sacou uma faca.

– O Senhor vê o que você faz. – Paulo deu um passo à frente e olhou para o homem que estava montado em um cavalo. – Esses homens seguem seus passos.

Ele se mexeu, inquieto, e segurou minha bolsa de dinheiro como se fosse uma cobra venenosa.

– O próximo bando ficará muito desapontado com quão pouco esses homens têm a oferecer.

Senti-me encorajado pela súbita preocupação do ladrão com nosso bem-estar. O temor do Senhor é o fundamento do verdadeiro conhecimento. No entanto, suas próximas palavras me encheram de dúvidas.

– Tragam-nos!

Eles nos levaram para as montanhas. Seu acampamento me lembrou En-Gedi, onde Davi se escondera do rei Saul e seu exército. Muita água, paredes rochosas como proteção, algumas mulheres e crianças para recebê-los. Eu estava exausto. Paulo falou a noite toda e batizou dois dos ladrões no terceiro dia do nosso cativeiro.

Eles nos acompanharam até o desfiladeiro chamado Portas da Cilícia.

– Jubal disse para lhe dar isto. – O homem jogou a bolsa de moedas para mim.

Deus nos havia trazido em segurança por meio das montanhas. A planície da Cilícia se estendia diante de nós, verdejante graças às águas do Cydnus.

* * *

Ficamos com a família de Paulo em Tarso e pregamos nas sinagogas. Paulo estava lá depois de encontrar o Senhor na estrada de Damasco e passar um tempo em reclusão antes de começar a pregar a mensagem de Cristo. As sementes que ele plantou criaram raízes e floresceram. Os judeus nos receberam com alegria.

Seguimos para Derbe, cidade da Licaônia, que recebeu o nome dos zimbros que cresciam na região. Novamente, pregamos nas sinagogas e conhecemos Caio, que se tornou um bom amigo e, mais tarde, companheiro de viagem de Paulo. Caio conhecia bem as Escrituras e abraçou a boa-nova antes de qualquer outra pessoa.

Listra me encheu de pavor. Da última vez que Paulo pregara na colônia romana perto das montanhas do sul, fora apedrejado.

– Deus me curou – disse Paulo. – Voltei para a cidade caminhando. Amigos lavaram minhas feridas e me ajudaram a escapar com Barnabé. – Ele riu. – Acho que eles temiam que, se eu permanecesse, meus inimigos me matariam novamente.

Não achei graça. Mas estava curioso. Quantos homens morreram e voltaram à vida para contar? Perguntei-lhe do que ele se lembrava, se é que se lembrava de alguma coisa.

– Não posso dizer o que vi. Não sei se minha alma deixou meu corpo ou ainda estava nele. Só Deus sabe o que realmente aconteceu, mas de alguma forma alcancei o terceiro céu.

– Você viu Jesus?

– Vi o reino celestial, a terra e tudo abaixo dela.

Assombrado, insisti:

– O Senhor falou com você?

– Ele disse o que me dissera antes. Não posso descrever o que vi, Silas, mas estava em um estado de miséria quando voltei. Disso eu me lembro muito bem. – Ele sorriu melancolicamente. – O único que poderia entender o que senti é Lázaro. – Ele colocou a mão no meu braço e sua expressão era intensa. – É melhor não falarmos da experiência, Silas. Os moradores de Listra sabem algo sobre isso, mas não ouso acrescentar mais nada.

– Por que não? – Pareceu-me que sua experiência confirmava que nossas vidas continuavam depois que nossos corpos descansavam.

– As pessoas provavelmente se tornarão mais interessadas em reinos celestiais e anjos do que em tomar uma decisão sobre sua posição em relação a Jesus Cristo *nesta vida*.

Como eu disse, Paulo tinha mais sabedoria do que eu.

Eu queria perguntar mais, saber tudo que ele lembrava, mas respeitei sua decisão. E não quis fazer suposições sobre sua ação em Listra.

– Aqueles que buscaram minha morte ficariam confusos se me vissem de novo.

Se devíamos partir de Listra ou ficar para pregar era decisão dele. Eu sabia que Deus faria sua vontade conhecida de Paulo, que nunca deixou de orar pela orientação divina.

– Eles ficarão confusos. Veremos se desta vez eles vão ouvir e acreditar.

Listra é uma colônia romana de língua latina na província da Galácia. Remota e cheia de superstições, provou ser um terreno difícil para a semente que pretendíamos plantar. Mas nosso tempo lá rendeu alguns brotos tenros. E encontramos um que iria crescer alto e forte na fé: um jovem chamado Timóteo. Sua mãe, Eunice, e sua avó, Loide, acreditavam em Deus. Seu pai, no entanto, era um pagão grego que permaneceu dedicado à adoração de ídolos.

Eunice veio até mim e pediu para falar comigo a sós.

– Estou com medo de falar com Paulo – ela confessou. – Ele é tão bravo.

– O que a perturba?

– Meu filho é amado por muitos, Silas, mas, como você provavelmente adivinhou, ele não é um verdadeiro judeu. – Ela baixou os olhos. – Eu o recebi do rabino quando ele tinha oito dias de idade, mas o rabino não o tinha circuncidado por causa de seu sangue misturado. E ele nunca foi autorizado a entrar na sinagoga. Eu era jovem e teimosa. Casei-me com Júlio contra a vontade de meu pai. Tenho muitos arrependimentos, Silas. – Ela levantou a cabeça, e seu olhos estavam úmidos. – Mas Timóteo não é um deles. Ele tem sido a maior bênção da minha vida e da vida de minha mãe.

– Ele é um bom menino.

– Vimos Paulo quando ele esteve aqui antes. Quando ele foi apedrejado… – Tensa, ela apertou as mãos. – Meu filho não pôde falar nada mais depois que Paulo partiu. Disse que, se Paulo voltasse, ele o seguiria para qualquer lugar. E agora Paulo está aqui novamente, e Timóteo tem muita esperança. – Seus olhos se encheram de lágrimas. – Paulo é um fariseu, um aluno do grande Gamaliel. O que ele dirá quando Timóteo se aproximar dele? Não posso suportar ver meu menino partir, Silas. Não posso.

Coloquei a mão em seu ombro.

– Ele não vai partir.

Paulo, que não tinha esposa nem filhos, adorava aquele jovem como a um filho.

– A mãe e a avó o educaram bem. Ele tem uma mente rápida e um coração aberto para o Senhor. Veja como ele bebe da Palavra de Deus, Silas. Ele será de grande utilidade para Deus.

Concordei, mas estava preocupado.

– No tempo certo, Paulo, mas ele só tem treze anos e é reservado por natureza. – Eu temia que Timóteo pudesse vir a ser como João Marcos, jovem demais para ser levado de sua família.

– Ele pensa antes de falar.

– Ele é um pouco tímido diante de uma multidão.

– Que melhor maneira haverá para ele superar essa tendência do que se juntar a nós para levar a mensagem a outras cidades? Ele aprenderá a ser ousado entre estranhos.

Era uma pena que Paulo não tivesse encorajado João Marcos dessa maneira, mas não mencionei isso. Ambos os jovens tinham traços semelhantes, embora Paulo parecesse determinado a não notar. "Timóteo pode ficar ainda mais tímido se for perseguido." O que Eunice tinha me dito também pesava em minha mente, mas eu não sabia quanto contar a Paulo sem causar constrangimento a ela.

Paulo me olhou nos olhos.

– Ele é mais novo que João Marcos, mas mais forte na fé.

Aquele sarcasmo de novo. Senti o calor subir pelo rosto e segurei a língua com dificuldade. Sempre que alguém discutia com Paulo, ele empenhava seus consideráveis talentos no debate. Nesse caso, não serviria para nada além de derramar sal em feridas antigas. Nós dois teríamos uma discussão sobre João Marcos.

Poucas horas depois, Paulo disse:

– Talvez eu esteja sendo injusto.

Talvez?

– João Marcos usou bem seu tempo em Jerusalém.

Paulo não disse nada por um tempo, mas pude ver que nossa diferença de opinião o atormentava.

– A perseguição virá se Timóteo ficar aqui ou for conosco – disse ele, finalmente. – Ele pode estar mais seguro conosco do que se for deixado para trás. Além disso, já temos líderes aqui, Silas. Timóteo pode ser muito mais útil em outro lugar.

Eu sabia que deveria expressar minhas outras preocupações.

– Por melhor que ele seja, Paulo, vai nos causar problemas. Você era um fariseu. E sabe tão bem quanto eu que nenhum judeu vai ouvi-lo. Por melhor que seja sua reputação aqui, em qualquer outro lugar ele será visto como um gentio por causa do pai. Timóteo é incircunciso e, portanto, impuro aos olhos deles. Nós dois concordamos que devemos encontrar pessoas e falar com elas de maneiras que elas entendam. Como ele pode ir conosco? Ele não terá permissão para entrar nas sinagogas! Você sabe tão bem quanto eu que, se tentarmos levá-lo para dentro conosco, haverá uma rebelião. As boas-novas não serão ouvidas com Timóteo como nosso companheiro de viagem. Deixe-o ganhar experiência ensinando os gentios aqui.

Paulo mordeu o lábio, com os olhos semicerrados enquanto pensava.

– Acho que devemos expor o assunto a Timóteo e ver o que ele diz.

Timóteo apresentou a solução.

– Circuncidem-me. Então ninguém poderá protestar contra minha presença na sinagoga.

A coragem e a disposição do rapaz para eliminar quaisquer obstáculos o fizeram ganhar meu total apoio de levá-lo conosco. Paulo fez todos os preparativos, e uma semana depois, quando a febre de Timóteo diminuiu e ele estava bem o suficiente para viajar, reunimos os anciãos da igreja de Listra e Icônio. Todos impuseram as mãos sobre Timóteo e oraram para que o Espírito Santo lhe desse o dom da profecia e da liderança. A mãe e a avó choraram.

Pude ver como essa separação foi difícil para as duas mulheres. Juntas, elas criaram Timóteo para agradar a Deus e agora o apresentavam a Deus como uma oferenda de ação de graças a Jesus Cristo. Timóteo tinha sido seu conforto e sua alegria. Seu amor ao Senhor e à Torá havia preparado o caminho para todos eles acreditarem nas boas-novas.

– Deus o enviará para onde ele quiser, meu filho.

Timóteo ficou de pé.

– Diga ao pai que continuarei orando por ele. – Sua voz embargou de emoção.

– Assim como nós. – Eunice tocou o rosto do filho. – Talvez o amor dele por você abra seu coração um dia.

Era o que todos nós esperávamos. E oramos.

Nós três viajamos de cidade em cidade. Passávamos muitas horas ao redor de fogueiras falando sobre Jesus. Eu disse a Timóteo tudo o que eu sabia, maravilhado que as memórias dos ensinamentos de Jesus estivessem tão claras – prova de que o Espírito Santo refrescara minha mente. Paulo e eu pregávamos quando e onde nos fosse permitido. Timóteo também, embora às vezes ficasse tão tenso e nervoso que vomitava quando nos aproximávamos da sinagoga. Eu o vi enjoado muitas vezes quando trabalhamos juntos em Corinto, e mais tarde ouvi de Paulo que, mesmo depois de anos de ministério, Timóteo ainda sofria muito do estômago por causa dos nervos. Muito disso, tenho certeza, devia-se ao seu amor por seu rebanho em Éfeso. Timóteo sempre sofria pelas pessoas a seu cuidado, mesmo por aqueles que eram lobos entre as ovelhas.

Mas devo voltar ao tema.

No início, tínhamos Timóteo conosco, um incentivador silencioso, que só falava quando questionado diretamente. Quando falava, revelava a notável sabedoria que Deus lhe tinha dado. Era especialmente útil para alcançar os mais jovens. Enquanto as crianças às vezes ficavam assustadas com a paixão de Paulo e desencorajadas por minha grave dignidade, os jovens afluíam a Timóteo. Os meninos o julgavam corajoso e aventureiro; as meninas o achavam bonito. Eu ria quando via como elas o cercavam, primeiro por curiosidade, depois por carinho.

Paulo se preocupava.

– Não é motivo de riso, Silas. Com tamanha admiração vêm a tentação e o pecado. – Ele gastava muito tempo instruindo Timóteo a permanecer puro e evitar a tentação.

– Pense nas mais novas como irmãs.

– E nas mais velhas?

– Nas mais velhas? – Paulo empalideceu e olhou para mim.

Balancei a cabeça. Eu tinha visto mais de uma jovem se aproximar de Timóteo com a clara intenção de seduzi-lo.

– Nunca fique sozinho com uma mulher, Timóteo. Jovem ou velha. A mulher é uma tentação para um homem. Trate as mais velhas com o respeito que você mostraria à sua mãe e avó.

Paulo continuou me olhando.

– Há mais alguma coisa que você queira me dizer?

– Não.

Mais tarde, ele me chamou de lado.

– Nunca pensei em perguntar se você tinha dificuldade com as mulheres.

– Todos os homens têm dificuldade com as mulheres, Paulo. De alguma maneira. – Eu ri. – Mas tenha certeza de que pratico meu próprio conselho.

– É uma pena que ele seja tão bonito.

A beleza do rapaz era uma dádiva de Deus. Até onde sei, Timóteo acatou nossas instruções. Nunca ouvi uma palavra de dúvida quanto à sua integridade.

Silas colocou a pena no estojo e ficou pensando em Diana. Toda vez que ela o olhava, ele sentia uma falha na respiração e um aperto no estômago. Seria isso se apaixonar por alguém? Como podia amá-la se a conhecia havia tão pouco tempo? E o menino, Curiatus... Sentia-se atraído por ele como Paulo por Timóteo. A mulher e o menino fizeram Silas se perguntar como teria sido casar-se e ter filhos, um filho para criar para o Senhor.

Muitos dos discípulos tinham esposas e filhos. Os filhos de Pedro tinham permanecido na Galileia. Sua filha havia se casado, tivera filhos e fora com o marido para outra província.

Paulo fora inflexível sobre permanecer solteiro e encorajara outros a seguir seu exemplo.

– Deveríamos permanecer como estávamos quando Deus nos chamou pela primeira vez. Eu não tinha esposa quando Jesus me escolheu para ser seu instrumento, e nunca terei uma. Nem você deveria, Silas. Nossa lealdade não deve ser dividida.

Silas não havia concordado com ele.

– A mulher de Pedro nunca foi uma distração para seu amor por Cristo ou sua dedicação em servir ao Mestre. Ela compartilha sua fé. Anda pelas estradas com ele. É um grande conforto quando ele está cansado. E Priscila e Áquila, veja tudo o que eles têm realizado. Estão unidos em Cristo.

– Pedro já era casado quando conheceu Jesus! Assim como Priscila e Áquila.

– Deus disse: "Não é bom que o homem esteja só".

Provocado, Paulo olhou para ele.

– Existe uma mulher que você queira fazer sua esposa? Esse é o motivo de seu argumento?

Silas queria socar os punhos em frustração.

– Não.

– Então, por que estamos tendo esta discussão?

– Nem todos os homens são chamados para ser celibatários, Paulo. – Silas falou calmamente, mas com firmeza. – Às vezes você fala como se o celibato fosse uma nova lei dentro da igreja.

Paulo abriu a boca para retrucar. Mas, com um exasperado bufo, se levantou e saiu de perto do fogo. Ficou na escuridão, olhando para as estrelas. Após um longo tempo, voltou.

– De quem estamos falando?

Silas citou outros dois casais que o tinham feito abordar o assunto.

– Eles são jovens. Seus sentimentos vão mudar.

– Se forem obrigados à submissão?

Os olhos de Paulo voltaram a se cobrir de sombras. Silas levantou a cabeça e olhou para ele com uma expressão grave.

– O tempo é curto, Silas, e não devemos desperdiçá-lo para agradar a outra pessoa.

– Vou dizer isso a Timóteo da próxima vez que se esforçar para viver à altura das suas expectativas, Paulo.

– As Escrituras dizem que um homem deve ficar em casa por um ano e dar prazer à esposa! Eu digo que tempo devemos dedicar a divulgar as boas-novas de Jesus Cristo.

– Sim. *Você* diz.

– Levamos a mensagem da vida! O que é mais importante do que isso?

– Nada. Mas ninguém precisa carregá-la sozinho.

– Não estamos sozinhos. Viajamos em pares.

– E alguns dos pares podem ser marido e mulher.

Os olhos de Paulo faiscaram.

– O Senhor pode voltar amanhã, Silas. Devemos nos dedicar a alguma coisa ou a alguém que não promove a mensagem de Cristo?

– Se não amamos os outros, Paulo, de que valem todas as nossas boas pregações?

– Você está falando de luxúria, não de amor!

– Estamos discutindo sobre quem ganha um debate, Paulo, ou sobre as lutas reais das pessoas dentro do corpo de Cristo? Alguns serão chamados a casar e ter filhos. Você vai dizer a eles que não estão autorizados a fazer isso porque você foi chamado ao celibato e à dedicação ao evangelismo?

– Não há tempo para o casamento!

– Então, agora você sabe quando Jesus voltará. É isso que você está dizendo? Até Jesus disse que não sabia! Apenas o Pai sabe!

Silas respirou fundo, percebendo que a raiva tinha elevado sua voz. A raiva não conseguiria nada. Ah, mas Paulo podia ser muito inflexível, tão ferozmente teimoso.

– Você foi chamado por Deus para viajar e pregar, Paulo. Fui chamado para acompanhá-lo. Cada um de nós é chamado para diferentes tarefas e lugares dentro da sociedade. Você mesmo tem pregado isso.

– Tudo para construir o corpo…

– Sim. Construir! E se todos se *recusarem* a casar ou ter filhos, mesmo que Deus os leve a fazê-lo, o que acontecera com nosso povo dentro de uma geração?

Paulo recuou e franziu a testa.

Silas abriu os braços.

– Deus fez o casamento, Paulo. O Senhor santificou o relacionamento. – Ele encolheu os ombros. – Talvez a questão não seja se homens e mulheres devem se casar, mas como devem se comportar quando o fazem. Como deve ser um casamento cristão para o mundo ao nosso redor? *Amem-se uns aos outros*. O que isso significa além do aspecto físico? Pedro e a esposa têm sido uma inspiração para muitos…

Ao longo dos meses, eles discutiram o casamento e oraram pedindo a orientação de Deus de como ensinar esse assunto. Em toda parte por onde andaram, viram como a paixão sexual desenfreada podia destruir vidas. Tais paixões eram o fundamento da idolatria.

Silas pegou a pena novamente e passou-a entre os dedos. Quando seu pai morreu, ele não tivera tempo para pensar em casamento. A jovem que poderia ter se tornado sua esposa foi dada a outro com sua bênção. A perda não tocara seu coração. Ele mal a conhecia.

Ele queria conhecer Diana e, por causa desses sentimentos, fazia o possível para evitá-la. Mas ela estava sempre nas reuniões, sentada por perto, atenta. Tinha que se esforçar para impedir que o olhar voltasse para ela. E seu sorriso…

Ele não podia se permitir pensar nela. Isso o levou a pensamentos sobre o que poderia ter sido e nunca poderia ser.

Misturando mais tinta, Silas colocou seu pergaminho de lado e trabalhou até tarde copiando as cartas de Pedro. Apenas então ele se permitiu demorar-se em seu passado novamente.

Paulo e eu planejamos ir para a Ásia, mas fomos impedidos quando soldados da infantaria romana nos pararam na estrada e nos alistaram para transportar seus equipamentos. Exigiam apenas a distância permitida pela lei romana. Vimos nisso uma oportunidade de falar a eles sobre Jesus e viajar com eles até a fronteira da Mísia. Oramos, pedindo que Deus nos permitisse atravessar as montanhas para a Ásia, mas o Espírito Santo nos enviou para o norte e depois para o leste, ao longo da fronteira da Bitínia, em direção a Trôade.

Sabíamos que o Senhor nos levara até lá. Trôade era um ponto de encontro estratégico das rotas marítimas na costa noroeste da Ásia, a sudoeste da antiga cidade de Troia. Sua posição, próxima à foz do Helesponto, fizera a colônia romana crescer. Os cidadãos haviam construído bacias portuárias, que forneciam abrigo para os navios. Trôade era o principal porto para cruzar até Neápolis, na Macedônia, e pegar a rota terrestre para Roma. De Trôade, as boas-novas poderiam se espalhar facilmente em todas as direções.

Conhecemos Lucas, o médico, em Trôade. Paulo precisava de remédio para uma infecção, e Lucas nos fora recomendado. Que grande amigo ele se tornou, não apenas para Paulo, Timóteo e para mim, mas para outros irmãos e irmãs. Ele deixou sua prática para juntar-se a nós em nossas viagens. Assim que ele aceitou Cristo, o Espírito Santo o encheu de propósito, que era reunir fatos e informações sobre o nascimento de Jesus, assim como sobre seus ensinamentos, milagres, morte, sepultamento e ressurreição. Quando não estava atendendo alguém como médico, podia ser encontrado trabalhando duro para compilar seus relatos.

Quando estávamos em Éfeso, Lucas falou por longas horas com Maria, mãe de Jesus, e João, o apóstolo, com quem ela vivia. Conheceu Lázaro e suas irmãs antes que eles navegassem para Tarso. Em Jerusalém, falou com Tiago e vários discípulos. Se algum dia ele terminar essa história, a igreja poderá saber que é um relato confiável.

Enquanto estávamos em Trôade, Paulo teve uma visão.

– Um homem da Macedônia continua me chamando: "Venha para cá e nos ajude!".

Nós quatro navegamos para a Samotrácia e no dia seguinte chegamos a Neápolis. Ficamos apenas o tempo suficiente para comer e descansar antes de ir para Filipos.

Estávamos entusiasmados com o que o Senhor faria, pois Filipos, uma próspera colônia romana, ficava no Caminho Inaciano, a estrada militar que unia Roma ao Oriente. Era por essa grande estrada que a informação trafegava de uma extremidade à outra do império. De Trôade, a mensagem viajaria por mar; de Filipos, por terra.

Passamos vários dias procurando uma sinagoga.

– Devemos ser os únicos judeus na cidade inteira. – Paulo estava cada vez mais desanimado. – Tudo o que era necessário para fundar uma sinagoga eram dez chefes de família.

No sabá, saímos da cidade em busca de um lugar de oração a céu aberto e perto de um rio. Encontramos um lugar adequado onde a estrada cruzava o rio Gangites. Várias mulheres já estavam reunidas ali, orando. Enquanto Lucas, Timóteo e eu hesitávamos, Paulo desceu a ribanceira.

– Vamos. – Ele fez sinal para que o seguíssemos.

Uma das servas olhou para Timóteo e sussurrou para a amiga, que riu.

Uma mulher com uma túnica fina debruada de púrpura assumiu o comando. Calando as meninas, ela se levantou e olhou para Paulo.

– Somos judias em busca de um lugar tranquilo onde adorar a Deus.

Tomei essas palavras como um apelo para que saíssemos. Paulo não se abalava tão facilmente.

– Também somos judeus – Paulo disse a ela. – E estes dois são homens devotos a Deus. – Ele apresentou cada um de nós. – Trazemos boas-novas.

A mulher franziu a testa.

– O que você quer dizer com boas-novas?

– Somos seguidores do Messias do Senhor, Jesus. Ele foi crucificado, sepultado e ressuscitou após três dias. Este homem – ele apontou para mim – viu Jesus várias vezes e o viu subir aos céus.

– Por favor. – Ela gesticulou, sentando-se em uma cara manta babilônica. – Junte-se a nós. – Timóteo e Lucas não se moveram. – Todos vocês. – Ela sorriu. – Sou Lídia de Tiatira, comerciante em Filipos. Vendo tecidos púrpura. E estas são minhas servas, todas elas boas moças. – Ela lançou um olhar contundente para uma delas que havia se aproximado de Timóteo e deu um tapinha no lugar ao lado dela. A menina obedeceu. – Conte-nos mais sobre esse Jesus – disse Lídia.

Foi o que fizemos, com muito prazer. Ela ouviu atentamente e acreditou em cada palavra, assim como as moças que a acompanhavam.

– Existe alguma razão pela qual não podemos ser batizadas aqui? – Lídia quis saber. – Hoje?

Paulo riu.

– Nenhuma!

As jovens mais novas, em sua exuberância, riam alegremente e espirravam água umas nas outras, enquanto Lídia ficou parada na margem, gotejando com dignidade.

– Por favor, venham à minha casa. Tenho muito espaço, e vocês podem ficar o tempo que quiserem.

Paulo balançou a cabeça.

– Agradecemos seu generoso convite, Lídia, mas não queremos dificultar as coisas para você.

– Tenho uma casa grande, Paulo.

– Mesmo na Macedônia, tenho certeza de que os vizinhos podem se perguntar o que quatro homens estranhos estão fazendo em sua casa.

Ela descartou o argumento dele com um aceno de mão.

– Se concorda que sou uma verdadeira crente no Senhor, venha e fique na minha casa. Meus vizinhos me conhecem, e tenho certeza de que em breve conhecerão você. Você pode dizer a eles tudo o que me disse.

A casa de Lídia era realmente grande, e ela nos tratou com honras de convidados. Em poucos dias, começamos uma pequena congregação na casa dela. Muitas vezes voltávamos ao rio para batizar novos crentes e pregar para aqueles que paravam para assistir.

E então começaram os problemas, como muitas vezes acontecia quando muitos aceitavam Cristo.

Um dia, uma escrava começou a nos seguir na cidade.

– Estes homens são servos do Deus Altíssimo e vieram para lhes dizer como salvar-se.

Paulo parou e a encarou.

Lídia balançou a cabeça.

– Deixe-a em paz, Paulo. Você só trará problemas para todos nós se discutir com ela. Ela é uma famosa adivinha. Seus donos estão entre os líderes da cidade, que ganham grandes somas de dinheiro com suas profecias.

Olhei de volta para a garota.

– Mas agora ela está falando a verdade.

– Não por amor – disse Paulo.

Ela foi até o portão da cidade. Seu rosto parecia grotesco, e seu corpo se contorceu quando ela apontou para nós.

– Esses homens são servos do Deus Altíssimo...

Alguns que haviam começado a nos seguir tinham medo de passar por ela.

No dia seguinte, ela nos seguiu novamente. Dessa vez, saiu pelas portas da cidade e parou na estrada, acima da margem do rio. Paulo tentou pregar, mas ela continuou gritando. Ninguém conseguia se concentrar em qualquer coisa que Paulo, Timóteo ou eu disséssemos. Todos olhavam para aquela pobre e infeliz menina possuída por demônios.

Quando ela nos seguiu novamente, tentamos nos aproximar e falar com ela. Ela fugiu para a casa de um de seus donos.

– Você tem que pagar para vê-la – disse o guarda a Paulo.

– Não vim para ouvi-la profetizar, mas para falar com ela.

– Ninguém fala com ela a menos que pague seu senhor primeiro.

Discutimos a situação.

– Tudo o que podemos fazer é ignorá-la – eu disse –, e espero que ela se canse disso.

– E, enquanto isso, nossos irmãos e irmãs não aprendem nada.

– Continuem a se encontrar na minha casa.

– Já são muitos, Lídia. Muitos mais podem se reunir no rio.

– Se você a confrontar, só trará problemas para nós.

Todos os dias, por dias a fio, a escrava nos seguiu, gritando. Eu via angústia e raiva em seu rosto, o que me lembrou de Maria Madalena, de quem Jesus expulsou sete demônios que a atormentavam. Orei, mas a menina continuou a nos seguir.

Embora eu tivesse pena da garota, Paulo estava cada vez mais frustrado.

– Nada se pode realizar com todos esses gritos. O demônio nos distrai do ensino e impede que os outros ouçam a Palavra de Deus!

Quando ela correu para perto de nós e gritou de raiva, Paulo virou-se para ela.

– Silêncio, demônio! – Ele apontou para ela. – Eu lhe ordeno, em nome de Jesus Cristo, que saia de seu corpo e nunca mais volte!

A garota ficou parada por um momento, com os olhos arregalados, e então deu um longo suspiro. Eu a amparei antes que ela caísse. As pessoas corriam e agrupavam-se para ver o que tinha acontecido.

– Ela está morta?

– Ele a matou.

– Ela está viva – disse Lucas. – Deem-lhe espaço para respirar!

Ela despertou, e seu rosto estava sereno.

– Foi-se. – Uma voz de criança, perplexa, esperançosa.

– Sim – eu disse, e a coloquei de pé. – O demônio se foi.

– Ele vai voltar? – Seus olhos estavam cheios de medo.

Paulo colocou a mão no ombro dela.

– Não. Se você aceitar Jesus como Senhor, ele a encherá com o Espírito Santo e nenhum demônio irá possuí-la novamente.

– Quem é Jesus?

– Deixem-me passar! – Um homem gritou do fundo da multidão. – Saiam do meu caminho! – Ele empurrou as pessoas e veio em nossa direção. Bastou ele olhar no rosto dela para ficar alarmado. – O que você fez? – Agarrou a garota pelo braço e a abraçou. – O que você fez com ela?

Todos falaram ao mesmo tempo.

– Eles expulsaram um demônio!

– Esse homem lhe disse para ficar em silêncio.

– Ele expulsou o demônio dela.

O homem empurrou a garota em direção a Paulo.

– Chame-o de volta.

– Jesus… – A garota cobriu o rosto e soluçou. – Jesus.

– Cale a boca, garota. Agora não é a hora. – E olhou para Paulo. – É melhor você fazer o que eu mando.

– Nunca.

– Você a arruinou, e vai pagar por isso!

Outros chegaram, alegando ser donos dela, e juntaram-se às acusações contra Paulo.

– Você vai deixá-la como era, ou vamos processá-lo.

– Nosso sustento depende dela.

Homens nos agarraram, gritando. Atingido por socos e empurrões, eu caí. Arrastado para cima, vi que a boca de Paulo sangrava. Timóteo e Lucas gritaram em nossa defesa, mas foram empurrados para fora.

– Saiam daqui! Não temos nenhuma disputa com vocês!

Os donos da garota nos levaram sem nenhuma delicadeza para o mercado.

– Estes homens destruíram nossa propriedade!

Os oficiais tentaram acalmar os homens, mas eles ficavam cada vez mais irritados.

– Chame o magistrado-chefe. Ele conhece nossa garota. Ela profetizou para ele várias vezes em seu benefício. Diga-lhe que ela não pode mais profetizar por causa do que esses judeus fizeram! Ele julgará a nosso favor!

Quando o magistrado-chefe apareceu, os homens gritaram ainda mais alto contra nós, acrescentando falsas acusações.

– Toda a cidade está em alvoroço por causa desses judeus! Você sabe que problema eles são, e agora eles vêm à nossa cidade ensinar costumes que são ilegais para nós, romanos!

– Isso não é verdade! – bradou Paulo.

Lutei contra as mãos que me seguravam.

– Permita-nos apresentar nosso caso! – Um homem me acertou na lateral da cabeça.

O homem que tinha vindo buscar a menina gritou:

– É proibido, porque os romanos não estão autorizados a se envolver em qualquer religião não sancionada pelo imperador!

– O imperador Cláudio expulsou todos os judeus de Roma por causa dos problemas que causam.

– Eles falam contra nossos deuses!

– Seu ódio por nós cresceu e abrange todos os judeus.

Paulo gritou:

– Falamos apenas do Senhor Jesus Cristo, o Salvador…

– Eles estão causando o caos!

Os magistrados-chefes ordenaram que nos espancassem.

Eu gritei:

– O Senhor nos enviou para anunciar as boas-novas.

Ninguém ouviu.

– Mostre a eles o que acontece com os judeus que causam problemas!

Mãos cravaram-se em mim. Puxado, empurrado, meu manto rasgado e arrancado das minhas costas, vi-me amarrado a um poste. A primeira chicotada da vara enviou um choque de dor por meio de meu corpo, e eu gritei.

Eu podia ouvir Paulo.

– O Senhor nos enviou para lhes contar as boas-novas. Jesus é Senhor! Ele oferece a salvação... – Golpes choveram sobre ele.

O segundo e terceiro golpes me tiraram o fôlego. Eu arranhei o poste, torcendo-me contra as cordas que me prendiam, mas não havia como escapar da dor. Paulo e eu estávamos pendurados lado a lado, nossos corpos se sacudindo a cada golpe. Abri mais a boca para respirar e pensei em Jesus pendurado na cruz. "Perdoa-os, Pai", dissera Jesus. "Eles não sabem o que fazem."

Fechei os olhos com força, cerrei os dentes e rezei para que a flagelação acabasse.

Não sei quantos golpes levamos até que o magistrado ordenasse que fôssemos atirados na prisão. Paulo estava inconsciente. Temi que o tivessem matado. Eu desejava a morte. Cada movimento me enviava dardos de agonia.

Eles nos arrastaram até o carcereiro.

– Guarde-os em segurança! Se escaparem, sua vida estará perdida!

Ele ordenou que nos carregassem para o calabouço interno. Jogaram-nos em uma cela de pedra fria e prenderam nossos pés a um cepo. Engasguei com o cheiro fétido de excremento humano, urina, suor provocado pelo medo e morte. Tentei me levantar, mas desmaiei novamente. Minhas costas latejavam e ardiam. Fraco, não consegui me mover e fiquei deitado em uma poça do meu próprio sangue.

Paulo estava deitado ali perto, imóvel.

– Paulo! – Ele se mexeu. Chorando, agradeci a Deus. Estendi a mão e agarrei seu pulso suavemente. – Acabou.

Gemendo, ele virou a cabeça para mim.

– Uma vez mandei lhe baterem. Isto pode ser sinal de expiação.

– Talvez, se eu não tivesse recebido o mesmo tratamento. – Dei-lhe um sorriso dolorido. – E, pelo que me lembro, você me chutou três vezes. Ninguém usou uma vara de madeira em mim.

– Não vou discutir com você.

Dei uma risada suave e estremeci.

– É meu consolo.

Cerrando os dentes, respirei fundo e consegui me sentar. Correntes tilintaram quando Paulo lentamente fez o mesmo. Nós nos inclinamos para a frente, descansando os braços sobre os joelhos erguidos, esperando que a dor nas costas diminuísse o suficiente para podermos respirar normalmente.

– Pela graça de Deus, participamos do sofrimento de Cristo. – Paulo levantou a cabeça. – Temos companhia.

Olhando através das grades da nossa cela, vi que havia outros homens na masmorra conosco – homens silenciosos, de olhos sombrios, sem esperança, esperando pelo fim de sua provação.

Paulo sorriu para mim.

– Mesmo em uma masmorra, Deus nos dá oportunidades.

E assim ele pregou:

– Por sua grande misericórdia, Deus lavou nossos pecados, dando-nos um novo nascimento e uma nova vida por meio do Espírito Santo, que ele generosamente derramou sobre nós por meio de Cristo Jesus, nosso Salvador.

Considerei um privilégio sofrer pelo nome de Jesus Cristo, compartilhar de alguma forma os sofrimentos que meu Senhor suportara por mim. Considerei uma honra sofrer com Paulo.

Cantamos canções de libertação naquele lugar escuro, e rimos, pois o som encheu aquele incomensurável buraco onde morava a miséria humana. Celebramos nossa salvação, nosso resgate do pecado e da morte, nossa certeza nas promessas de Deus e do paraíso. Nossas vozes cresceram, fluindo pelos corredores de pedra em direção aos guardas. Eles não nos mandaram calar. Tínhamos uma congregação naquela prisão. Acorrentados, sim, mas não distraídos pelo delírio de uma garota. Arrebatados e ansiosos, eles ouviram o único canto de esperança em um inferno na terra.

Um deles confessou ter cometido assassinato. Paulo disse que também cometera e contou como Deus o havia perdoado, recuperado e colocado em um novo caminho.

Outro declarou sua inocência. Uma vez eu tinha me julgado inocente e acima de qualquer reprovação. Disse a ele que todos os homens são pecadores necessitados de perdão.

Por volta de meia-noite, um terremoto abalou as fundações da casa prisional. Pedras chocaram-se contra pedras, e poeira ondulava ao nosso redor. Os homens gritavam de medo. As portas da prisão se abriram. As correntes ao redor de nossos tornozelos caíram como que destrancadas por mãos invisíveis.

– O que está acontecendo? – Homens gritavam, confusos, com medo de ter esperança.

– É obra do Senhor! – Paulo respondeu. – Fiquem como estão. Apenas confiem nele!

Ouvi passos se aproximando e avistei o carcereiro. Ele olhou em volta freneticamente, viu celas abertas e puxou a espada. Quando ele tirou o peitoral, soubemos o que ele pretendia fazer. A morte pela própria espada seria preferível à crucificação por abandono do dever. Ele pensou que todos nós tínhamos escapado!

– Pare! – gritou Paulo. – Não se mate! Não faça mal a si mesmo! Ninguém fugiu! Estamos todos aqui!

Baixando a espada, o carcereiro gritou, pedindo tochas. Guardas correram à nossa cela, enchendo-a de archotes. O carcereiro caiu de joelhos diante de nós.

– Levante-se! – Paulo lhe disse. – Não somos deuses que você deveria adorar. Viemos com uma mensagem de salvação.

Um prisioneiro gritou:

– Eles falam de um deus que morreu e ressuscitou.

– E ainda vive – acrescentou outro.

– Saiam daqui! – Tremendo, o carcereiro acenou, os olhos arregalados de medo. – Saiam!

Ele nos tirou da prisão e nos levou para sua casa no complexo prisional. Pediu água, pomada e bandagens. Uma mulher apareceu, com várias crianças agarradas a ela. Manteve o braço em volta delas enquanto falava com o carcereiro.

– Eu temi por você, meu marido. Os deuses estão zangados. Sacudiram os alicerces da nossa casa!

– Está tudo bem agora, Lavínia. Silêncio! Esses homens servem a um deus de grande poder.

– Ele é o único Deus! – falou Paulo. – Não há outro.

O carcereiro olhou para nós.

– Senhores, o que devo fazer para ser salvo?

– Creia no Senhor Jesus Cristo – disse-lhe Paulo –, e será salvo.

Sorri para a mulher e as crianças.

– Junto com todos em sua casa.

– O terremoto que trouxe sua liberdade é a prova de seu grande poder – falou o carcereiro. Ele então pegou a bacia de água de um servo e lavou nossas feridas. – Fale-me sobre esse Deus que pode abrir as portas da prisão e remover as correntes.

O carcereiro – cujo nome, ficamos sabendo, era Demétrio – e sua família acreditaram em tudo o que lhes dissemos. Nós os batizamos. Nem mesmo uma masmorra podia apagar a luz de Jesus Cristo!

A comida foi preparada e partimos o pão juntos.

– Como posso devolvê-lo à prisão quando você nos trouxe vida? Vou mandar uma mensagem a seus amigos e tirá-los da cidade. Eles podem encontrá-los com suprimentos...

Por um momento, fiquei tentado. Felizmente, Paulo recusou.

– Não vamos fugir. Obedecemos à lei. Deus pode nos resgatar das falsas acusações que nos colocaram na prisão.

Os guardas nos levaram de volta à nossa cela.

Algumas horas depois, Demétrio voltou.

– Mandei uma mensagem aos magistrados e disse-lhes o que aconteceu na noite passada, o terremoto. Eles também sentiram. Quando lhes contei que as portas da cela se abriram e seus grilhões caíram, eles disseram para deixá-los ir. Vocês estão livres para deixar Filipos.

– Livres para sair? – perguntei. – Ou nos mandaram embora?

– Eles os querem fora da cidade.

Fiquei muito decepcionado. Tínhamos conseguido muita coisa. Mas ainda havia muito o que fazer. O Senhor havia salvado aquele homem e sua família, e agora, desconhecido para ele, Satanás o estava usando para nos silenciar.

Paulo colocou as mãos nos joelhos.

– Não vamos embora!

– Você não tem escolha! – Guardas nos esperavam do lado de fora para nos escoltar para fora da cidade.

– Eles nos espancaram publicamente sem julgamento e nos jogaram na prisão, e somos cidadãos romanos. E agora eles querem que partamos secretamente? Certamente não! Eles que venham nos libertar!

Demétrio empalideceu.

– Vocês são romanos? Deviam ter dito!

– Não nos deram chance – respondi, sorrindo ironicamente.

Demétrio enviou a mensagem e voltou com os oficiais. O homem que tinha ordenado que nos açoitassem estava pálido, com medo de represália.

– Imploro seu perdão. Se soubéssemos que vocês eram cidadãos romanos, nunca teríamos permitido que alguém pusesse as mãos em vocês e muito menos que fossem espancados no mercado!

– Por favor, acreditem em nós!

– Você nos julgou sem julgamento, com base em falsas acusações – disse Paulo. – E agora nos expulsa de Filipos.

– Não, não, você nos entendeu mal! – O magistrado-chefe abriu os braços. – Crispo, Ponto e os outros me convenceram com suas acusações. Ainda estão furiosos por causa da garota escrava. E têm razão. A garota está sem serventia agora.

“O que aconteceria com a pobre garota?”, eu me perguntei.

– Se ela está sem serventia, diga a seus donos para vendê-la para Lídia, a comerciante de tecidos púrpura. – Ela libertaria a garota.

– Haverá problemas se vocês permanecerem em Filipos – disse outro.

Eles insistiram.

– Não podemos lhes prometer segurança se permanecerem aqui.

– Aceitamos suas desculpas – Paulo lhes disse.

– E vão embora.

Claramente, eles queriam que partíssemos logo que possível.

Paulo assentiu. Eu queria discutir, mas seu olhar me silenciou.

– Assim que nos encontrarmos com outros de nossa fé.

Fomos à casa de Lídia, onde encontramos Lucas e Timóteo. Eles haviam orado a noite toda.

– Deus respondeu a suas orações – eu disse, rindo, apesar do desconforto de meus ferimentos.

Lucas verificou o curativo. Quando ele adicionou sal para prevenir a infecção, eu desmaiei.

Paulo despertou antes de mim e convocou uma reunião dos crentes. Quando todos chegaram, demos-lhes as instruções possíveis no pouco tempo que tínhamos.

– Sejam fortes no Senhor e em seu grande poder – disse Paulo.

Prometi que lhes escreveríamos.

Paulo, Lucas, Timóteo e eu deixamos Filipos naquela tarde.

De todas as igrejas que ajudei a fundar ao longo dos anos, os crentes filipenses foram os que sofreram as maiores dificuldades. Alguns perderam a vida; muitos, suas casas e empresas. Ainda assim, resistiram. Embora empobrecidos pela perseguição, Deus os fez ricos em fé e amor.

Que a graça de nosso Senhor Jesus Cristo continue a sustentá-los até o dia que Jesus voltar!

CINCO

Viajamos por Anfípolis e Apolônia e seguimos para a Tessalônica. Encontramos uma sinagoga e ficamos com Jasão, um judeu que havia aceitado Cristo em Jerusalém anos antes, durante Pentecostes. Não queríamos ser um fardo para ele. Paulo encontrou trabalho como fabricante de tendas; eu escrevia cartas e documentos. Todo sabá, íamos à sinagoga e discutíamos com os judeus. Por meio das Escrituras, mostramos-lhes provas de que Jesus era o Messias de Deus, o Cristo que Deus enviara para cumprir a Lei e nos resgatar do pecado e da morte, mas poucos acreditaram.

O maior número de novos crentes era dos gregos tementes a Deus que seguiam os ensinamentos da Torá. Eles abraçaram Cristo com zelo e espalharam a palavra de Jesus pela cidade. Muitos judeus ficaram indignados à medida que o número de crentes crescia. Encontrando encrenqueiros na ágora, formaram uma multidão e desceram para a casa de Jasão, esperando encontrar Paulo e eu lá. Paulo trabalhava fora da cidade, e eu estava em algum lugar, ajudando um oficial a escrever uma carta. Então eles pegaram Jasão, assim como alguns outros, e arrastaram esses pobres homens perante as autoridades da cidade.

Aconteceu exatamente como em Filipos!

Eles acusaram Jasão e os outros crentes de causar o caos, quando na verdade foram eles que agitaram a cidade e provocaram a confusão. Alegaram que ensinávamos que Jesus era um rei como César e que encorajávamos o povo a se rebelar contra Roma!

Encontrei amigos do meu pai e providenciei para que a fiança fosse paga. Jasão e os outros foram libertados. Mas o problema estava longe de acabar.

Jasão insistiu que Paulo e eu saíssemos da cidade.

– Os judeus têm a intenção de matar Paulo. Eles também o desprezam, Silas, mas o veem como um grego. E veem Paulo como um traidor de sua raça e sacerdote da apostasia. Cada palavra que ele diz é blasfêmia para os ouvidos deles, e não vão parar de tentar matá-lo se ele permanecer aqui. Você precisa ir. Agora!

– Vou com você – disse Timóteo, já com a mala pronta.

– Você vai ficar aqui com Lucas. – Paulo permaneceu inflexível ao apelo de Timóteo. – Nos encontraremos mais tarde.

Eu sabia que Paulo temia pelo menino e não queria colocá-lo em perigo. Por isso o confiou a Lucas.

Saímos ao abrigo da escuridão e seguimos para Bereia. Fomos direto para a sinagoga da cidade. Eu esperava mais problemas, mas encontramos judeus bereianos de mente e coração abertos. Eles ouviram e então examinaram as Escrituras para ver se o que dissemos era verdade. O corpo de Cristo cresceu rapidamente em Bereia à medida que judeus e gregos proeminentes, homens e mulheres, abraçaram Cristo.

Lucas e Timóteo chegaram, ansiosos para ajudar. Atrás deles vieram alguns dos líderes judeus de Tessalônica, que se sentiam ofendidos com nosso ensino. Pretendiam destruir a igreja.

– Vocês devem ir para o sul – disseram-nos os crentes bereianos.

Paulo não queria partir.

– Não podemos abandonar esses cordeiros, Silas.

Temi pela vida dele. Lucas e Timóteo juntaram-se aos meus esforços de persuadi-lo, mas Paulo protestou.

– É teimosia e orgulho que trazem esses tessalonicenses atrás de mim novamente. Não vou ceder a eles.

– Isso não é orgulho, Paulo?

As palavras eram duras, eu sabia, mas às vezes essa era a única maneira de convencer Paulo.

– Não dê chance ao pecado. Se sairmos, eles vão se dispersar, pensando que este rebanho não pode sobreviver sem um pastor.

– Será que vão?

– A semente criou raízes neles, Paulo. Eles conhecem a verdade, e a verdade os libertou. O Espírito Santo e as Escrituras os guiarão. Devemos ir pelo bem deles, assim como pelo seu.

A separação mais difícil ocorreu na costa. Só tínhamos dinheiro suficiente para duas passagens para Atenas.

– Você esteve doente. Lucas deve ir com você.

– Você sabe o respeito e o amor que tenho por Lucas, Silas, mas escolho você.

– A ferida em suas costas está supurada. Você precisa mais de um médico que de um companheiro de trabalho.

– Vou ficar bem!

– Sim, vai, com os devidos cuidados que Deus quer que você tenha.

– Mas...

Perdi a paciência.

– Não discuta! Por que você sempre discute, mesmo com aqueles que pensam como você! Agora, refreie a língua e suba nesse navio!

Ele riu. Fiquei imediatamente envergonhado com minha falta de paciência.

– Há outras ovelhas perdidas, Paulo. Pense nelas. E não esqueça que Deus o escolheu para levar o nome dele aos gentios, aos reis e ao povo de Israel. Você não pode ficar aqui e deixar que o matem. Reis, Paulo! Foi isso que o Senhor disse a Ananias! Talvez um dia você fale diante de César, e, se Deus quiser, o imperador o ouvirá. Você deve ir agora. Deus assim o quer!

Ele chorou e eu o abracei.

– Você é de longe o pregador mais persuasivo entre nós. – Não falei por bajulação. Antes de me afastar, agarrei seus braços. – Sua vida não deve terminar aqui.

– E você e Timóteo?

– Vamos voltar para Bereia e viver tranquilamente. Vamos ensinar e encorajar nossos irmãos e irmãs. Nos juntaremos a você mais tarde.

Paulo abraçou Timóteo. O rapaz chorou.

– Venha, Paulo! – disse Lucas. – Precisamos ir!

Segurei firme no ombro de Timóteo, enquanto os dois embarcavam no navio.

– Deus cuidará dele, Timóteo. Vamos ficar até saírem do porto. Só para o caso de nosso bom amigo decidir pular do navio.

Timóteo começou a rir, mas parou.

– E pode pular mesmo. Ele se preocupa comigo.

– Você precisa aprender a ficar sem ele, Timóteo. Ele foi chamado para espalhar as boas-novas. Outros foram chamados para permanecer atrás e ensinar.

Ele olhou para mim.

– Ainda não.

– Em breve. – Deus tinha me dito isso.

A vida nunca seria fácil para Paulo.

Nem para quem viajasse com ele.

Enquanto esperávamos notícias de Paulo e Lucas, Timóteo e eu encontramos trabalho para nos sustentar. Eu me juntava aos crentes todas as noites. Eu ensinava; Timóteo me ajudava.

Recebemos cartas frequentes de Paulo e Lucas sobre seu progresso em Atenas. Nosso amigo não estava se escondendo.

"Falei nas sinagogas, mas os judeus atenienses têm coração de pedra. Agora prego em praça pública, onde as pessoas estão mais dispostas a ouvir."

Mas Atenas havia entristecido seu espírito.

"Não posso virar à direita ou à esquerda sem ficar cara a cara com um ídolo que promove a devassidão e o comportamento licencioso. As pessoas acorrem a esses deuses."

Ele tinha conhecido alguns filósofos epicuristas e estoicos no mercado.

"Os atenienses anseiam por novas ideias, e a mensagem de Cristo os intriga. Eles me convidaram para falar no Areópago perante o conselho. Fui, orando para que o Senhor me desse as palavras para alcançar o coração daquelas pessoas. Deus respondeu à minha oração quando vi um altar com a inscrição 'Para um Deus Desconhecido'. Jesus é o Deus Desconhecido. A não ser por uns poucos, todos me julgaram um tagarela proclamando uma estranha divindade. Riram quando lhes falei da ressurreição de Jesus. Apesar disso, uns poucos são salvos. Você conhecerá Dionísio quando vier. É membro do conselho. Outra crente é Dâmaris, uma mulher de boa reputação. Realizamos reuniões diárias na casa de Dionísio. Ele mora perto do Areópago."

A próxima carta veio de Lucas.

"Nós nos mudamos para o sul, para Corinto."

Ele não disse por quê, mas imaginei que Paulo tivesse sido expulso da cidade novamente, fosse pelos judeus ou pelos membros do conselho.

"Encontramos dois judeus expulsos da Itália pelo édito do imperador Cláudio. Priscila e Áquila são fabricantes de tendas e convidaram Paulo a participar de seus negócios. Também estou hospedado com eles. Paulo está exausto, mas não posso impedi-lo de trabalhar. Quando não está costurando couros, está na sinagoga, debatendo

com judeus e gregos. Ele precisa de ajuda. Sou médico, não orador. Venha assim que puder. Temos grande necessidade tanto de você como de Timóteo."

Eu mal tinha ganhado o suficiente para a minha passagem, mas, quando os bereianos ouviram falar da necessidade de Paulo, levantaram fundos para pagar a passagem de Timóteo. Timóteo escreveu uma bela declaração de fé para encorajá-los. "*Se morrermos com ele, também viveremos com ele. Se suportarmos dificuldades, reinaremos com ele. Se o negarmos, ele nos negará. Se formos infiéis, ele permanecerá fiel, pois não pode negar quem ele é.*" Fiz uma cópia para dar a Paulo.

Mais tarde, Paulo usou essas mesmas palavras para encorajar Timóteo quando apascentava o rebanho em Éfeso, lugar de tantas práticas malignas que todos nós pensamos que era o trono do próprio Satanás.

As palavras de Timóteo me encorajam agora.

Todos nós devemos enfrentar a perseguição por causa do mal que se apodera deste mundo. No entanto, Jesus Cristo é Senhor! Sei que nosso futuro é seguro! Sei também que Cristo reina em nossos corações, mentes e almas. Nossas vidas são testemunhos vivos da verdade de Jesus Cristo, crucificado, sepultado e ressuscitado.

Um dia, Jesus voltará, e os dias de tribulação terão terminado.

Venha, Senhor Jesus. Venha logo.

– Você não pode descansar um pouco, Silas?

O coração de Silas saltou ao som da voz de Diana. Ele virou-se e a viu na porta.

– O que está fazendo aqui?

– Epaneto me enviou. – Ela parecia envergonhada. – Não sei por que ele pensou que eu poderia fazê-lo sair deste quarto.

– Curiatus está com você?

– Ele está no jardim.

Silas guardou a pena no estojo e se levantou.

– Está com dor? – Ela chegou um passo mais perto.

Ele ergueu a mão.

– Não. Fico rijo de tanto ficar sentado.

– Ficar muito tempo sentado não é bom para ninguém, Silas.

O carinho em sua voz fez o coração dele bater. Ele procurou uma forma de construir muros.

– Estou velho.

– Você não é mais velho do que meu marido seria se estivesse vivo.

Então ele olhou para ela. Não havia melancolia em sua voz, nenhuma tristeza.

– Há quanto tempo ele morreu?

– Cinco anos.

Eles se olharam por um longo momento, em silêncio. Ela deu um suspiro suave. Ele sentiu o calor subir em seu rosto.

– Desculpe-me – ele disse.

Ela sustentou o olhar dele.

Ele engoliu em seco e evitou o olhar dela.

– Deveríamos nos juntar aos outros.

A viagem para Atenas foi fácil, embora eu, não sendo marinheiro, tenha passado a maior parte do tempo com a cabeça sobre a amurada.

Quando conhecemos Priscila e Áquila, gostamos deles imediatamente. Eles haviam aceitado Cristo poucas horas depois de conhecerem Paulo na sinagoga.

– Paulo é muito persuasivo.

– Eles provaram ser bons amigos de seu mentor.

Lucas voltou a escrever sua história e cuidar dos necessitados, especialmente de Paulo, que sofria dores crônicas. As surras haviam afetado seu corpo, e sua visão estava prejudicada. Ele não conseguia mais escrever, exceto em letras grandes.

– Mais do que nunca, preciso de um secretário – ele me disse.

Eu me sentia honrado de servi-lo nessa função.

Timóteo rapidamente encontrou trabalho em Corinto, assim como eu. Ganhávamos o suficiente para nos sustentar e a Paulo. Foi uma grande bênção, pois Paulo pôde dedicar-se à pregação. Nós o ajudamos instruindo aqueles que tinham aceitado Cristo.

Cartas chegaram de Tessalônica, cheias de ataques contra a integridade de Paulo e a mensagem que pregávamos. Diversos amados irmãos foram mortos por sua fé em Cristo, e seus amigos e parentes agora questionavam os ensinamentos de Paulo. Esperavam que o Senhor viesse antes que alguém morresse. Uns poucos se aproveitaram da confusão e disseram que Paulo era um mentiroso que pregava apenas em benefício próprio.

Eu nunca tinha visto Paulo tão magoado com as acusações. Como sofria! Eu estava mais furioso do que Paulo. Ninguém ensinava com mais risco para a própria vida do que ele. Ninguém!

Lágrimas corriam-lhe pelas faces.

– Isso é obra de Satanás!

Eu me senti derrotado. Todo o nosso trabalho! Todas as nossas orações! Os convertidos esqueciam todos os ensinamentos sensatos e escutavam mentiras!

– Devemos voltar e confrontar esses falsos mestres antes que eles afastem nossos irmãos e irmãs de Cristo!

Senti-me como destroços movendo-se a esmo na maré. Se Paulo queria ir, eu ia. Se Paulo quisesse ficar, eu ficaria. Tinha vindo nessa jornada para ficar ao lado dele qualquer que fosse o risco. Por mim, teria embarcado no primeiro navio para Cesareia!

Chegamos até Atenas e tivemos que esperar. Paulo adoeceu novamente. Cuidei dele o melhor que pude, mas ele precisava de um médico.

– Mandei chamar Lucas.

– Não! – Paulo estava pálido, mas veemente como sempre em suas opiniões. – Vou ficar bem em alguns dias. Lucas é necessário onde está. Deus pode me curar, se quiser. Senão, este é um fardo que devo carregar.

Assim que Paulo ficou suficientemente bem, partimos de novo, apenas para sermos atacados perto do porto e despojados de nosso dinheiro de passagem. Dâmaris nos ajudou, mas uma coisa atrás da outra nos impediu de seguir para o norte.

– Talvez seja o Senhor nos mantendo aqui, Paulo – afirmei.

Paulo, ainda não totalmente recuperado, estava impaciente.

– É Satanás quem nos atrasa! Não podemos esperar mais! Alguém deve ir a Tessalônica e dizer a verdade aos nossos irmãos e irmãs antes que sua fé seja destruída por mentiras.

Timóteo disse que iria. Impusemos as mãos sobre ele, abençoando-o, e o despedimos, ansioso para defender Paulo e explicar mais plenamente a promessa de Jesus de voltar. Admito que temia que a reserva natural dos jovens pudesse impedi-lo de ser eficaz. Paulo temia que ele pudesse ser morto. Nós dois oramos incessantemente.

Não foi um período fácil para nós.

A saúde de Paulo piorou e ele caiu em uma profunda depressão.

– Receio que tudo por que trabalhamos tanto para realizar esteja perdido.

Não podíamos fazer nada além de orar e confiar no Senhor. A espera se revelou um teste maior para nossa fé do que açoites e prisão!

Mas Deus foi fiel!

Timóteo voltou zeloso e com bons relatos. Alegres, nós três voltamos para Corinto, renovados na fé e na força. Nosso bom humor diminuiu novamente quando, depois de algumas semanas, os judeus de Corinto se recusaram a acreditar em mim e em Paulo. Não importa quantas provas mostrássemos das Escrituras, eles endureceram o coração contra Jesus. Da última vez que Paulo entrou na sinagoga, a reunião irrompeu em tempestade, e alguns que desprezavam Paulo insultaram e blasfemaram contra Jesus na presença dele.

– O sangue de vocês lhes subiu à cabeça! – Paulo gritou e deixou a sinagoga. Ficou do lado de fora, sacudindo as vestes em protesto. – Eu me livro da poeira deste lugar! – Ele apontou alguns homens. – Você, você e você. Sou inocente. Que seu sangue permaneça em suas cabeças, pois vocês rejeitaram o Senhor Deus. De agora em diante, vou pregar aos gentios!

A vizinhança permaneceu em alvoroço naquele dia e nos dias seguintes.

Paulo poderia ter dito que os entregaria à ira de Deus, mas na verdade se recusou a perder a esperança. Estou rindo agora, porque ele foi morar com Tício Justo, um crente gentio. Tício morava ao lado da sinagoga!

Não se passava um dia sem que os judeus vissem Paulo recebendo visitantes. Crispo, um de seus líderes, entrou em acordo com Paulo. Longe da influência e do ciúme dos outros, recebeu Cristo e logo trouxe toda a família para ouvir falar de Jesus. Nossos inimigos rangiam os dentes e murmuravam contra os que chegavam. Judeus e gentios sob o mesmo teto, partindo o pão juntos? O Cristo de Deus para todos os homens? Os de coração duro se recusaram a acreditar.

Paulo recebia ameaças constantes e, como seus amigos, também Timóteo, eu e outros. Mas os ataques eram muito piores contra ele. Ele ficou com medo. Estou convencido de que seu medo surgiu da exaustão. Ele trabalhava desde antes do amanhecer até muito depois do anoitecer. Mesmo um homem com sua incrível resistência precisava descansar. Eu certamente descansava. Mas Paulo sentia-se compelido a pregar, a responder a todas as perguntas com provas, a derramar-se como uma oferenda líquida. Quando não estava pregando, estudava os pergaminhos que carregávamos, preparando-se para a próxima batalha. Ditava cartas noite adentro.

Um homem cansado é mais facilmente abalado.

– Estou com medo – ele me confessou uma noite. – Uma coisa é o povo me atacar, mas meus amigos... – Seus olhos se encheram de lágrimas. – Tenho medo do que meus inimigos farão, Silas, quem eles podem prejudicar por causa do que eu digo. – Eu sabia que ele temia por Timóteo, e não sem motivo. Mas Timóteo estava tão entusiasmado por Cristo quanto ele. O jovem havia dado a vida como um sacrifício vivo ao Senhor.

– Você deve fazer o que o Senhor lhe ordenar, Paulo. Se o Senhor ordena que fale, você já sabe que tem a bênção de Timóteo. E a minha também.

Tício Justo se perguntava se Paulo deveria continuar.

– Ele tem boas razões para ter medo, Silas.

Tício me disse que Paulo recebia ameaças sempre que saía de casa. Na véspera, os judaizantes tinham encurralado Paulo no mercado e lhe disseram que o matariam se ele continuasse. Quando confrontei Paulo sobre isso, ele disse que era verdade.

– Talvez devêssemos nos mudar novamente. Plantamos as sementes. Deus vai regá-las e fazê-las crescer.

Paulo sorriu friamente.

– Será o mesmo em qualquer lugar que eu vá, Silas. Você sabe disso tão bem quanto eu.

Os problemas seguiam Paulo da mesma forma que haviam seguido Jesus. Quantas vezes eu tinha visto as boas-novas saudadas com raiva e desprezo? A maioria das pessoas não quer ouvir a verdade, muito menos aceitá-la. Aceitar a dádiva de Cristo significa admitir que tudo em que baseamos nossa vida anterior não representou nenhum benefício para nós. Significa render-se a um poder maior do que nós. Poucos querem se render a qualquer coisa senão à luxúria. Nós nos agarramos à vaidade e continuamos nos esforçando para encontrar nosso caminho, quando há apenas um caminho.

Louvei a Deus toda vez que vi a verdade surgir nos olhos de alguém, o véu das mentiras de Satanás se dissolver, um coração de pedra bater com nova vida. O novo crente estava no topo de uma montanha, olhando para a vasta esperança estendida diante dele, uma jornada eterna e perpétua com o Senhor. Ele se tornava um templo vivo no qual Deus habitava. O renascimento foi um milagre tão grande quanto Jesus alimentar milhares com poucos pães e peixes, porque era evidência de que ele vivia; suas promessas continuaram sendo cumpridas diariamente.

Mas o medo se instala muito facilmente.

Decidimos ser cautelosos. Achamos que isso era prudente, mas, na verdade, Paulo foi silenciado, e eu também. Tínhamos esquecido que devemos dar um passo de fé, não sentar e esperar que ela cresça das sombras.

Pela graça de Deus, Jesus falou com Paulo em uma visão. *"Não tenha medo! Fale!"* Jesus disse que muitas pessoas na cidade já lhe pertenciam. Tudo o que tínhamos a fazer era sair e encontrá-las!

Obedecemos. Com tão grande encorajamento, como não obedecer?

Partimos, com a fé renovada e o zelo restaurado.

Por dezoito meses.

E então um novo governador chegou a Acaia e tudo mudou novamente.

Logo depois que Gálio assumiu o cargo, os judeus se levantaram contra Paulo, levaram-no ao tribunal e acusaram-no de ensinar homens a adorar Deus de maneira contrária à lei romana. Mas Gálio não era como Pôncio Pilatos, facilmente seduzido por uma turba. Paulo não chegou a dizer uma palavra em sua defesa antes que Gálio encerrasse a sessão.

– Como se trata meramente de uma questão de palavras, nomes e lei judaica, cuidem disso vocês mesmos. Recuso-me a julgar esses assuntos. – Com um sinal de cabeça, os guardas conduziram os judeus para fora do tribunal.

Os gregos agarraram Sóstenes, o líder da sinagoga, e começaram a espancá-lo. Gálio continuou conduzindo a sessão, ignorando a briga. Um gentio deu um soco em Sóstenes, derrubou-o e chutou-o ali mesmo no tribunal.

Paulo tentou interferir.

– Parem! – Sem querer, usou o aramaico.

Gritei em grego e depois em latim. Eles se retiraram, deixando Sóstenes semiconsciente e sangrando no pavimento de pedra. Os amigos do rabino não estavam à vista. Com medo, ele se afastou de nós, embora só quiséssemos ajudá-lo.

– Deixe-nos ajudá-lo!

– Por que fazem isso por mim? – Sóstenes murmurou. – Vocês, de todas as pessoas…

– Porque Jesus o faria – disse Paulo, esforçando-se para levantá-lo.

Sóstenes tropeçou, mas nós o impedimos de cair. Ele chorou por todo o caminho até a casa de Priscila e Áquila. Lucas tratou de seus ferimentos. Avisamos à sinagoga onde ele estava, mas ninguém veio buscá-lo. Eles não entrariam na casa de um gentio.

Quando Sóstenes ficou febril, nos revezamos cuidando dele. E lhe falamos sobre Jesus: *"Ele fez os cegos ver e os surdos ouvir. Curou o filho de uma viúva e ressuscitou um amigo da tumba em que jazia por quatro dias"*.

Falei-lhe do julgamento de Jesus diante de Pôncio Pilatos, de como ele morreu na cruz na Páscoa e, três dias depois, ressuscitou. Contei-lhe como fora minha vida em Jerusalém e Cesareia e como ela mudou na estrada de Emaús. Paulo disse-lhe que viu Jesus na estrada de Damasco.

A princípio Sóstenes tentou não ouvir. Chorava e cobria os ouvidos. Mas aos poucos foi ouvindo.

– Não foram suas palavras que me convenceram – ele disse. – Foi seu amor. Eu era seu inimigo, Paulo, e você e Silas me ajudaram.

Nós o batizamos.

Ele voltou para a sinagoga determinado a influenciar os outros.

– Não é pela sua palavra ou pela minha que os homens são salvos – Paulo lhe disse quando chegou à casa de Tício –, mas pelo poder do Espírito Santo.

– Eles são meus amigos – chorou Sóstenes. – Minha família.

– Não deixe de amá-los. E continue orando.

Alguns meses depois, Paulo decidiu ir a Cencreia e fazer um voto de ação de graças ao Senhor.

– Jesus me protegeu aqui em Corinto. – O voto exigia que ele cortasse o cabelo e se barbeasse.

Eu o ajudei a se preparar.

– Quanto tempo você vai ficar em solidão?

– Trinta dias.

– Vai voltar aqui ou quer que nos juntemos a você lá?

– Você e Timóteo devem permanecer aqui. Ainda há muito trabalho a fazer. Quando o tempo do voto estiver completo, Áquila e Priscila se juntarão a mim e navegaremos para a Síria.

Fiquei chocado. E magoado.

– Você está me dizendo que não precisa dos meus serviços?

Ele fez uma careta como se estivesse com dor.

– Não me olhe assim, Silas. Devo ir aonde o Senhor me guiar, mesmo que isso signifique deixar amigos queridos para trás.

Paulo partiu no dia seguinte. A despedida foi especialmente difícil para Timóteo, a quem Paulo ordenou que ficasse comigo em Corinto.

A congregação se reunia na casa de Chloe. E que grupo era aquele! Formado por ladrões recuperados, bêbados, idólatras e adúlteros. Haviam se congregado a Cristo, que os purificara do pecado e os transformara em recém-nascidos. Tinham rejeitado suas práticas anteriores de promiscuidade e agora se dedicavam a Cristo, vivendo santamente uma vida agradável a Deus. Tinham se tornado milagres, testemunhas vivas do poder de Deus de mudar homens e mulheres de dentro para fora.

Apolo, um judeu de Alexandria, chegou com uma carta de Priscila e Áquila. Eles o recomendavam a nós e pediam que o acolhêssemos. Foi o que fizemos, e ele provou ser tão grande orador como Paulo, refutando os judeus com as Escrituras.

A congregação de Corinto foi firmemente estabelecida e continuou a crescer.

Quando Paulo escreveu que pretendia visitar as igrejas que havíamos fundado na Frígia e na Galácia, pensei que era hora de nos juntarmos a ele. Estéfanas, Fortunato e Acaico revelaram-se líderes capazes, junto com Sóstenes. Enviamos uma mensagem com nossos planos, mas, quando chegamos a Éfeso, foram Áquila e Priscila, e não Paulo, que nos receberam.

– Ele foi a Jerusalém para a Páscoa.

A notícia me assustou.

– Eu deveria ter vindo mais cedo para dissuadi-lo! O alto conselho procurará qualquer oportunidade para matá-lo!

Timóteo ficou profundamente desapontado.

– Por que ele não esperou?

– Todos nós tentamos dissuadi-lo, Silas, mas você sabe como Paulo é quando está determinado a fazer alguma coisa. Não há o que o faça mudar de ideia.

Quando me disseram que Paulo havia deixado seus livros e anotações, eu soube que meu amigo estava totalmente ciente do que o esperava em

Jerusalém. Paulo preferiria correr para a morte do que deixar os judeus na escuridão.

Pensei em ir atrás dele, mas, depois de muita oração, soube que Deus me queria em Éfeso.

Timóteo ainda não estava pronto para ficar sozinho.

"Lugar de pouso" é um nome apropriado para Éfeso. É o cruzamento da estrada costeira que segue para o norte até Trôade e a rota ocidental para Colossos, Laodiceia e além. Navios de todo o Império Romano navegavam dentro e fora de seu porto. Com sua magnífica estrada ladeada de colunas de mármore, teatro, banhos, biblioteca, ágora e ruas pavimentadas, Éfeso rivalizava com a grandeza de Roma e sua infame devassidão. A cidade é guardiã dos templos de três imperadores, cada um honrado com uma enorme construção. No entanto, é o Templo de Ártemis que domina. Quatro vezes maior que o Partenon de Atenas, atraía todos os anos milhares de devotos, ansiosos para participar da adoração mais depravada que o homem já havia criado. Além disso, navios chegavam diariamente, descarregando jaulas de animais selvagens da África e gladiadores para os jogos.

Éfeso foi uma grande provação para mim. Todos os lugares para onde olhava eu via uma beleza espantosa e sabia que abrigavam um pecado horrendo. Eu ansiava pela religiosidade de Jerusalém, pela luta dos homens para seguir as leis morais, pela solidão das atividades acadêmicas.

Priscila e Áquila, já estabelecidos como fabricantes de tendas, reuniam os crentes em sua casa. Alimentavam e ensinavam novos crentes. Timóteo e eu pregávamos na ágora. Quando Apolo voltou, pregou com a lógica de um romano e a poesia de um grego. Multidões se reuniam para ouvi-lo falar, e muitos chegaram à fé no Senhor por meio de seus ensinamentos.

Timóteo cresceu como professor. Alguns o questionavam por causa de sua juventude, mas ele estava maduro na fé no Senhor e pronto para a liderança. Caio foi de grande ajuda para ele. Erasto também provou ser útil. Fora edil em Corinto e usou seus dons administrativos para ajudar a igreja na cidade.

Formávamos um grupo heterogêneo, muito parecido com o de nossos irmãos e irmãs em Corinto. Arrependidos idólatras, apóstatas, adúlteros, vigaristas e bêbados – todos agora vivendo acima de qualquer suspeita, ajudando uns aos outros. Em pouco tempo vi mais milagres em Éfeso do que em Israel durante aqueles três anos que Jesus ministrou. O Senhor estava vivo, e seu Espírito movia-se poderosamente em meio à bela e infeliz Éfeso.

Quando recebi uma carta do conselho me pedindo para voltar a Jerusalém, soube que era hora de me demitir e colocar Timóteo na liderança.

Embora confiante no Senhor, Timóteo tinha pouca confiança em si.

– Não estou pronto, Silas.

Mas não era fácil liderar os efésios, e havia sempre lobos com a intenção de atacar o rebanho.

– Você está pronto, Timóteo. Você tem o coração e o conhecimento. Cada um de nós é chamado para uma tarefa diferente. Eu preciso ir. Você deve ficar.

– Mas sou capaz?

Aconselhei-o como pude:

– Deus o equipou para o trabalho. Lembre-se: podemos pedir sabedoria a Deus, e ele vai dá-la a nós sem nos repreender por pedir. Mas, quando lhe fizer um pedido, tenha a certeza de que sua fé esteja somente no Senhor. Não vacile, Timóteo. E não tente resolver as coisas por conta própria. Confie em Jesus para lhe mostrar o caminho certo. Então, siga-o! Quando ele lhe der as palavras para falar, fale-as. Faça isso e Deus fará sua obra aqui em Éfeso.

Ele tinha bons amigos: Áquila e Priscila, Apolo, Caio, todos servos devotados do Senhor. Parti com o coração entristecido, mas plenamente confiante de que o Senhor usaria Timóteo poderosamente para fortalecer a igreja de Éfeso.

Há anos não vejo Timóteo, embora tenhamos trocado cartas. Seu coração não é menos humilde, embora o Senhor o tenha fortalecido ao longo dos anos e enviado outros para encorajá-lo, entre eles João, o apóstolo, e a mãe de Jesus, Maria.

Maria já está com o Senhor agora, mas João permanece entre nós.

O tempo costuma nos deixar introvertidos à medida que envelhecemos. Não consigo me lembrar quando algumas coisas aconteceram, ou como e em que sequência os eventos ocorreram.

A hora de Paulo partir deste mundo ainda não havia chegado. Depois de breve estada em Jerusalém, ele voltou a Antioquia, onde relatou sua viagem. Depois voltou para Éfeso. A essa altura, eu tinha voltado para casa em Jerusalém. Mas, quando soube da notícia, concluí que Timóteo ficaria muito aliviado por ter seu mentor de volta ao seu lado, e ainda mais fortalecido pelos ensinamentos e pelo exemplo de Paulo.

Lucas continuou sendo o companheiro de Paulo e me escrevia com frequência. Deus deu a Paulo um poder milagroso, que impediu muitos de adorar falsos deuses. Aqueles que fabricavam ídolos causaram um tumulto. Temendo que Paulo fosse assassinado, a igreja o enviou para Filipos. Timóteo foi com ele, mas voltou logo depois.

Depois disso, outros viajaram com Paulo. Alguns caíram de exaustão. Outros não conseguiram se dar bem com ele. Paulo continuou em frente. Foi o homem mais dedicado que conheci. Ele disse certa vez: *"A fé é uma corrida, e devemos correr com todas as nossas forças"*. Imagino-o agora usando a coroa de louros.

Sinto falta dele.

Se eu tivesse permanecido com ele, meu sofrimento já poderia ter acabado. Mas o caminho que o Senhor traçou para mim é mais longo e serpenteia mais do que eu jamais imaginaria.

Como tantos outros, pensei que Jesus voltaria em alguns dias ou semanas. Depois, pensamos que nosso Senhor voltaria em alguns meses, e mais tarde em alguns anos. Ele disse que esperaria até que todo o mundo tivesse a oportunidade de ouvi-lo. E o mundo é maior do que imaginamos.

Paulo planejou ir à Gália e nunca conseguiu.

Mas estou divagando de novo. Reflexões de um homem cansado. Desperdicei este papiro.

Silas queria desistir da tarefa que Epaneto lhe dera. Seu pescoço, costas e ombros doíam. Seus dedos estavam rígidos. Mas não era a dor física de tantas horas trabalhando à mesa. Doía lembrar os anos e quilômetros, os amigos salvos e perdidos.

Macombo trouxe uma bandeja.

– Terminou?

– Não.

– Você viveu uma vida rica.

Silas cobriu o rosto com as mãos.

Naquela noite, ele dormiu profundamente e sonhou com Jesus. O Senhor encheu suas mãos marcadas pelos pregos com grãos e os lançou em todas as direções. As sementes criaram raízes. Pequenos rebentos nasciam nos desertos, nos cumes das montanhas, nas pequenas aldeias e nas grandes cidades. Alguns flutuaram no mar em direção a terras distantes.

Jesus colocou um rolo de papiro na mão de Silas e sorriu.

Paulo sentiu-se atraído de volta a Jerusalém. Como para mim, a cidade era sua casa, o centro de tudo o que conhecemos e prezamos. O templo ainda era a casa de Deus. Eu não podia subir os degraus e ficar em pé nos corredores sem pensar em Jesus ou ouvir sua voz ecoando em minha mente. Meu coração doía toda vez que eu pisava naquele lugar destinado a ser santo e agora tão contaminado pela corrupção.

Recebemos a notícia de que Paulo havia chegado a Cesareia. Hospedou-se com Filipe Evangelista e suas quatro filhas, todas solteiras e com o dom da profecia. Elas, como outros – inclusive eu –, tinham escolhido não se casar, mas esperar o retorno do Senhor. Ágabo foi ver Paulo. Havia sonhado que Paulo seria preso se viesse a Jerusalém.

Paulo se recusou a se esconder.

Quando Paulo e Lucas chegaram a Jerusalém, Mnason os recebeu em sua casa. Eu teria gostado de lhes oferecer hospitalidade, mas minhas circunstâncias tinham mudado ao longo dos anos, e eu já não possuía casa em Jerusalém nem em Cesareia. Só vi Paulo e Lucas quando eles vieram ao conselho, mas, quando os vi, ficou claro que nada havia mudado entre nós.

– Silas! – Paulo me abraçou. Chorei de alegria. Mas o fato de ele estar em Jerusalém me provocou sentimentos controversos. Embora ansiasse por nossas conversas profundas, temia que ele fosse caçado e morto. Os fariseus nunca o perdoaram por abandonar a causa deles. Tiago e todos os membros do conselho o cumprimentaram calorosamente. Todos compartilhávamos as mesmas preocupações sobre seu bem-estar.

Paulo fez um bom relato de suas viagens, muitas vezes recorrendo a mim para acrescentar qualquer coisa que pudesse ter esquecido sobre as cidades que visitamos juntos. Ele tinha esquecido pouca coisa.

Claro que Paulo desejava ir ao templo. Tiago e eu discutimos essa possibilidade com os outros e pensamos que problemas poderiam ser evitados se Paulo levasse consigo quatro homens que tivessem completado os votos. Juntando-se a eles na cerimônia de purificação e pagando para que seus cabelos fossem raspados, talvez os judeus vissem que ele não havia rejeitado a Lei.

Os homens planejam, mas Deus prevalece.

Paulo foi ao templo e passou sete dias adorando e celebrando o Senhor. E então alguns judeus da Ásia o viram e manifestaram-se contra ele.

– A todos os lugares a que esse homem vai, traz problemas para nós!

Procurei defendê-lo.

– Vocês trazem problemas para si mesmos provocando multidões e causando tumultos!

Quando a raiva encontra a raiva, nada de bom acontece.

Acusações encheram o ar. Alguns alegaram que Paulo havia trazido gregos ao templo para profanar o lugar santo. Trófimo, o efésio, tinha sido visto perto do templo, o que os fizera presumir que Paulo o havia trazido para dentro. Os líderes judeus agarraram Paulo, arrastaram-no para fora do templo e bateram as portas. Outros começaram a bater nele. Gritei para eles pararem e me vi no meio da briga.

Nunca a visão de soldados e centuriões romanos me agradou tanto como naquele dia! Teríamos morrido sem sua intervenção. Eles cercaram Paulo e usaram seus escudos para mantê-los afastados. O comandante desembainhou a espada e bateu no escudo.

– Silêncio! Todos vocês! – ele gritou em um aramaico com forte sotaque e então ordenou a seus soldados em grego: – Acorrentem esse homem até eu descobrir o que está acontecendo desta vez!

Paulo balançou sob o peso do ferro enquanto o comandante tentava reunir os fatos.

– Quem é esse homem que vocês estão tentando matar? Que foi que ele fez?

– Ele provoca conflito!

– Ele profanou o templo do nosso Deus!

– Ele é Saulo de Tarso, injustamente acusado... – Tentamos falar em sua defesa. Alguém me deu um soco no lado da cabeça. Pela graça de Deus, não caí para trás.

– Ele é o líder de um culto que desafia Roma!

Todos gritavam, cada um com uma resposta diferente, nenhuma próxima da verdade.

Dois soldados puxaram Paulo pela escada para fora do alojamento, enquanto outros encaravam a multidão, com os escudos enfileirados em uma parede de proteção. De alguma forma, Paulo convenceu o comandante a deixá-lo falar para a multidão.

Quando Paulo falou em hebraico, os judeus ficaram em silêncio.

– Sou um judeu nascido em Tarso, cidade da Cilícia, e fui criado e educado aqui em Jerusalém sob Gamaliel. Como seu aluno, fui cuidadosamente instruído em nossas leis e costumes judaicos. Tornei-me muito zeloso em honrar a Deus em tudo o que fiz, como todos vocês hoje. Persegui os seguidores do Caminho.

Ele confessou a culpa de sangue de segurar Estêvão enquanto outros o apedrejavam, e de ter perseguido outros em seu zelo contra os cristãos, tendo viajado a Damasco para transportar cristãos de lá até Jerusalém para punição.

– Estava na estrada, aproximando-me de Damasco por volta do meio-dia, quando uma luz muito brilhante desceu do céu de repente e me rodeou. Caí no chão e ouvi uma voz que me dizia: *"Saulo, Saulo, por que me persegue?"*.

Eles ouviram atentamente até que ele lhes disse que Deus o convocou a levar a mensagem de Cristo aos gentios. A fúria caiu sobre eles como fogo. Homens arrancaram os mantos em protesto, levantando poeira no ar.

– Fora com esse sujeito!

– Matem-no!

– Ele não merece viver!

Amigos me agarraram e me empurraram contra uma parede, e observamos a multidão subir os degraus, tentando alcançar Paulo. O comandante gritou. Os soldados fizeram uma barreira com os escudos. Homens caíram para trás, uns sobre os outros. Alguns foram pisoteados pelos que empurravam de trás. A gritaria tornou-se ensurdecedora. Rostos se avermelharam e se retorceram de raiva.

O comandante mandou carregar Paulo para dentro do alojamento e trancar as portas.

Corri em busca de Lucas. Quando voltamos ao alojamento romano, a multidão havia se dispersado. Exigi ver o comandante e lhe disse que Paulo era cidadão romano. Ele ordenou que fôssemos levados até Paulo.

Ele estava sentado, apoiado contra a parede, muito machucado, com a boca rachada e sangrando.

– Pelo menos escapei de uma flagelação – ele disse.

Lucas cuidou de seus ferimentos. Coloquei a mão suavemente em seu ombro e vi que até aquele toque lhe causava dor.

– Todos estão orando. – Levei-lhe pão, amêndoas, bolos de passas e vinho misturado com água.

Lágrimas corriam-lhe pelo rosto. Seus ombros caíram.

– Se apenas eles me ouvissem!

Lucas falou gentilmente.

– Eles ouviram, por um tempo.

– O Senhor lhes dá oportunidade dia após dia, Paulo. Continuaremos orando e falando quando pudermos. Ainda há muitos em Jerusalém que seguem Cristo, e a cidade não foi entregue a Ananias e sua turba.

Lucas balançou a cabeça.

– O inchaço vai diminuir em breve, Paulo. Mas os golpes podem ter piorado sua visão.

O guarda disse que tínhamos que sair.

Paulo suspirou.

– Talvez esses guardas romanos escutem.

Isso me fez sorrir.

O comandante levou Paulo ao sumo conselho, e ouvimos Paulo causar divisão ao proclamar que estava sendo julgado por acreditar na ressurreição. O debate entre fariseus e saduceus tornou-se tão acalorado e desordenado que os soldados romanos tomaram Paulo sob guarda e o devolveram para a fortaleza.

Eu sabia que não terminaria ali. A cidade estava em tumulto em relação a Paulo. Corriam rumores sobre complôs contra sua vida. Orei incessantemente.

O Senhor me lembrou de que meu amigo estava destinado a ir para Roma.

Quando fui contar a ele, o guarda romano disse:

– Ele não está aqui.

– Para onde o levaram?

Ele se recusou a responder.

Procurei a irmã de Paulo. Ela o tinha visto, assim como seu filho.

– Ouvi alguns homens conversando no templo – disse-me o menino. – Eles se juntaram a outros em um plano para matar meu tio. Disseram que jejuariam de comida e bebida até que ele morresse. Eram quarenta deles, Silas! Fui contar a Paulo, e ele me mandou falar com o oficial encarregado.

Fizemos perguntas e logo soubemos que duzentos soldados, sob o comando de dois centuriões, tinham deixado Jerusalém na noite anterior.

– Tenho um amigo entre os soldados – disse-me um dos irmãos. – E ele me disse que setenta cavaleiros e duzentos lanceiros foram com eles.

– E Paulo?

– Ele não soube dizer com certeza, só que eles tinham um prisioneiro acorrentado e o levavam para Cesareia, para o governador do Império Romano.

Eu ri.

– Até o exército romano se curva à vontade do Senhor e protege o servo escolhido de Deus!

Lucas partiu imediatamente para Cesareia, mas uma série de crises me manteve em Jerusalém.

– O sumo sacerdote foi para Cesareia – Tiago me disse. – E levou Tértulo com ele.

– Tértulo pode ser famoso por discutir a lei judaica e romana, mas todas as forças que Satanás pode reunir não prevalecerão contra os planos do Senhor para Paulo.

Lucas me escreveu, e mantive o conselho informado sobre o bem-estar e estado de espírito de Paulo. Quando consegui fazer a viagem para vê-lo, Ananias, os líderes judeus e Tértulo já haviam falhado há muito tempo em suas tentativas de influenciar o governador Félix a lhes entregar Paulo. Na verdade, acho que Félix gostava de exasperá-los. Ele era um escravo liberto da casa do imperador Cláudio e um homem ambicioso. Casara-se com Drusila, bisneta do infame rei Herodes, o Grande, pensando que a aliança o recomendaria favoravelmente aos judeus. Não foi o que aconteceu. Os herodianos eram odiados por seu sangue idumeano. Seu casamento meramente o misturou mais.

Paulo parecia bem, mas eu sabia que a prisão o irritava. Ali só podia pregar para poucos.

– Ah, Silas, você é um amigo que me conhece. – Paulo me saudou com um abraço, muito satisfeito com os materiais de escrita que eu lhe havia trazido. – Tenho uma dúzia de cartas para responder e não tive como fazer isso.

– Já houve alguma indicação do que o governador planeja fazer com você?

– Nenhuma. Ele me chama e eu lhe falo sobre Jesus. Vivo na esperança de que ele me ouça.

Fiquei algumas semanas ali e escrevi as cartas que ele ditava, depois voltei a Jerusalém. Depois da Páscoa, voltei a Cesareia e encontrei Paulo frustrado.

– O governador me acha divertido! – Ele andou de um lado para outro, impaciente. – Espera em vão um suborno. Se eu tivesse dinheiro para oferecer, não faria isso!

O governador Félix provou ter um coração duro.

– Por que Deus me deixa aqui?

– Para prepará-lo, talvez, para um momento em que você conhecerá e falará com outro muito maior: César.

Ele orava o tempo todo, não por si mesmo, mas pelas igrejas que havia plantado. Era o único homem que conheci que conseguia lembrar nomes, centenas deles, e as circunstâncias da salvação de cada um. Seu amor crescia e não podia ficar preso dentro daquelas paredes de pedra. A oração deu asas ao seu amor. Ele escreveu inúmeras cartas, algumas para mim, embora já não as tenha mais, passadas para outros ou queimadas por inimigos. As que estão em minha posse sobreviverão. Fiz cópias para deixar para o futuro. Paulo disse palavras do Senhor, instruções e conselhos para as congregações que lutavam contra Satanás e que nunca deixariam de perambular. Devemos confiar no Senhor, em sua Palavra e no poder de sua força para vencer, para perseverar até o fim.

Pensei que alguma mudança viria quando Roma se lembrasse de Félix. A Judeia fazia a carreira de um homem ou o destruía. Quando mais tarde cheguei a Roma, ouvi dizer que Félix havia sido banido em desgraça, o que achei um fim adequado para um homem que deixara Paulo na prisão por nenhuma outra razão a não ser agradar seus inimigos. Talvez no exílio o coração de Felix amolecesse.

Pórcio Festo tornou-se governador. Ao chegar a Jerusalém, foi saudado pelos principais sacerdotes e líderes da cidade. Eles não tinham se esquecido de Paulo, e pediram ao governador para trazê-lo à cidade e julgá-lo. Festo não cedeu às suas exigências. Cortejou o favor judaico para manter a paz, mas não renunciou a nenhum de seus poderes. Disse que, se os judeus tinham acusações contra Paulo, deveriam ir a Cesareia e apresentá-las perante o tribunal romano.

Antes de Festo deixar Jerusalém, o Senhor me deu uma visão do que estava por vir e fui imediatamente para Cesareia.

– Em nenhuma circunstância você deve concordar em retornar a Jerusalém para julgamento, Paulo.

– Irei para onde for conduzido.

– Se voltar a Jerusalém, não é Deus quem o estará guiando, mas Satanás! Escute-me! O objetivo deles não é submetê-lo a julgamento, mas matá-lo no caminho. Você será silenciado.

– Cristo nunca será silenciado.

– Se não quer levar em conta minha visão, lembre-se então do que o Senhor lhe disse anos atrás. Você vai falar diante de reis! Permaneça firme, meu amigo, e o Senhor o guardará para o futuro. Você vai testemunhar diante de César!

Quando Festo ordenou que ele se apresentasse diante dos judeus e respondesse às suas acusações, Paulo invocou seu direito a ser ouvido, concedido pela lei romana. E quando Festo lhe perguntou se estaria disposto a retornar a Jerusalém, Paulo se recusou.

– Apelo a César!

Festo e seus conselheiros concordaram rapidamente, sem dúvida gratos por passar adiante a responsabilidade por um prisioneiro tão problemático. Festo pode ter pensado que mandar Paulo embora garantiria alguma paz a Jerusalém.

O rei Agripa e Berenice, sua irmã, vieram a Cesareia para prestar seus respeitos ao novo governador romano. Festo os homenageou com uma cerimônia requintada e trouxe Paulo para falar perante o rei.

Um de nossos irmãos romanos me disse:

– Ele desafiou Agripa como um homem pode desafiar um amigo. Paulo perguntou se ele acreditava nos profetas judeus. Eu nada sei dessas coisas, mas o rei ficou perturbado com as questões que Paulo levantou. Ele deixou a sala. Festo e Berenice foram com ele. Disseram-me que Paulo poderia ter sido libertado se não tivesse apelado a César.

Logo depois, recebi uma carta de Lucas.

"O governador ordenou que Paulo seja levado sob guarda para Roma. Você pode nos acompanhar?"

Eu ansiava por ir com eles e orei fervorosamente para que Deus me permitisse fazê-lo. Falei com os outros membros do conselho e todos oramos por isso. Nenhum deles concordou em deixar-me ir, embora me tenham enviado a Cesareia para abençoar Paulo e levar-lhe provisões.

Ele chorou quando me viu. Deve ter visto no meu rosto que eu não podia ir.

– Eu sabia que era pedir demais, mas esperava...

– Paulo, sou necessário aqui, por enquanto, pelo menos. Quando você parte?

– Dentro de uma semana. – Ele agarrou meus braços. – Trabalhamos bem juntos, meu amigo. Pense em todas aquelas milhares de vezes de Antioquia para Atenas e de volta. – Ele suspirou. – Gostaria que viesse comigo. Eu poderia contar com sua ajuda.

Tentei suavizar a decepção dele e a minha.

– Você tem escrito algumas boas cartas sem mim.

Ele riu.

No pouco tempo que tínhamos juntos, costumávamos escrever cartas.

Eu o vi partir. Foi uma despedida difícil. Pensamos que nunca mais nos veríamos. Mas, como aprendi ao longo dos anos, Deus sempre parece ter outros planos.

SEIS

Alguém limpou a garganta. Silas se virou.

Epaneto cruzou os braços e encostou-se no batente da porta.

– Nunca vi um homem tão dedicado a uma tarefa. – Ele procurou o rosto de Silas. – Eu não pretendia aumentar seu pesar.

– Tenho mais lembranças boas do que ruins, Epaneto. – Silas sorriu melancolicamente. – Quando Paulo partiu de Cesareia, pensei que não o veria novamente.

– Você perdeu muitos amigos.

Silas se levantou da escrivaninha.

– Como todos nós. – Ele se espreguiçou. – Felizmente, eles não estão perdidos para sempre.

O romano sorriu.

– O Senhor está renovando sua fé.

– Até um cão se cansa de lamber suas feridas.

– Pátrobas disse que correu a notícia de que você estava aqui. Muitos pediram para vir. Você sente vontade de ensinar?

Ensinar era uma segunda natureza para Silas, mas ele temia que a reunião maior pudesse pôr em perigo aquela pequena congregação. Ele expressou suas preocupações.

– Talvez eu devesse me mudar logo.

– Vivi no perigo toda a minha vida, Silas, mas nunca com um propósito maior do que agora. Mas deixo-o para você. – Ele riu. – Curiatus está especialmente ansioso para falar com você. O garoto veio todos os dias ver se você estava aqui. Bateu à minha porta novamente esta manhã.

– Ele me lembra Timóteo. – Silas pensou em Diana e imaginou como teria sido ter uma esposa e filhos, e por que esse desejo surgia agora, quando era uma esperança perdida.

– O que você disse?

– Sobre o quê?

– Sobre seu devaneio, Silas. – Epaneto parecia divertir-se. – Devo enviar uma mensagem a Diana para que ela possa trazer Curiatus?

Silas se virou e brincou com as penas de junco.

– Apenas mande chamar o menino.

Curiatus veio, e Silas passou uma hora respondendo a suas perguntas antes que os outros chegassem para a reunião.

As pessoas se sentaram juntas para dar espaço a todos. Silas observou seus rostos ansiosos, estranhos em sua maioria, mas todos unidos pelo amor de Jesus.

– Ouvi o Senhor falar na Galileia – disse ele. – Estava em um barco um pouco afastado da costa, enquanto milhares estavam sentados na encosta para ouvi-lo. Sua voz chegava aonde eu estava, acima deles, na borda da multidão. – Ele sorriu ironicamente. – Não entendi tudo o que ele disse, mas o que senti me perturbou muito. Suas palavras me penetraram como uma espada, cortando todas as ideias que eu tinha sobre quem eu era e o que devia fazer da minha vida. Para segui-lo, eu teria que mudar tudo. Isso me assustou. Então eu parti.

Descansando os antebraços nos joelhos, Silas se inclinou para a frente e cruzou as mãos à sua frente. Não podia ver os rostos das pessoas através de suas lágrimas.

– Olhei para trás e vi as muitas oportunidades que o Senhor me dera, quantas vezes suas palavras foram dirigidas ao pecado que me mantinha cativo, quanto tempo demorou antes de eu o deixar remover todas as armadilhas que me mantinham enjaulado. – Ele cobriu o rosto. – Oh, que tolos podemos ser, agarrando-nos às coisas deste mundo e acreditando que elas são a nossa salvação.

– Mas você entregou sua vida a Cristo, Silas. Você não estaria aqui conosco se não tivesse feito isso – disse Curiatus, com seu coração compassivo.

Silas baixou as mãos.

– Não posso dizer que não lutei ou pensei no que minha vida poderia ter sido. – Ele olhou para Diana. – Ou das coisas de que desisti.

A expressão dela se suavizou.

– Todos nós lutamos, Silas. – Sua boca se curvou suavemente. – Todos os dias temos provações a enfrentar.

– Sim. – Ele suspirou. – Cada dia é de luta para manter a fé. – Especialmente quando vimos homens e mulheres executados por terem seguido os ensinamentos de Jesus, de que devíamos amar a Deus, amar uns aos outros e tratar todos com compaixão, misericórdia e verdade, mesmo quando isso não teria recompensa. Jesus disse para não nos preocuparmos com o amanhã, pois o amanhã trará suas próprias preocupações. O problema de hoje é suficiente para hoje, como todos sabemos. Jesus nos diz que devemos buscar o Reino de Deus acima de tudo e viver em retidão, e ele nos dará tudo de que precisamos. Eu vi Jesus. Eu o ouvi falar. Mas você, aqui comigo agora... Seu trabalho será sempre ter fé no que não viu com seus próprios olhos e confiar no testemunho de homens como Pedro, Paulo e João Marcos.

– E como você – disse Diana. – Confiamos em sua palavra, Silas.

Ele sentiu um aperto na garganta e não conseguia manter o olhar dela.

– O mundo é o campo de batalha de Satanás, mas, se vivermos em Cristo, viveremos triunfantes por meio de sua morte e ressurreição. Acreditar é o trabalho mais difícil de todos quando o mundo está contra nós.

– Ouvi cristãos dizerem que nunca houve uma ressurreição.

Silas ergueu os olhos e viu Urbano ali de pé.

– Eu lhe asseguro que Jesus está vivo.

– E os relatos de que o corpo de Jesus foi escondido para que seus discípulos pudessem fazer falsas alegações sobre sua ressurreição?

– Essa não é uma afirmação nova, Urbano. – Silas balançou a cabeça. – Esses rumores circulam há anos. Os líderes judeus pagaram os guardas do túmulo para espalhá-los. Eu poderia ter acreditado neles se não tivesse visto Jesus. Mas eu e os discípulos somos apenas alguns dos muitos que viram Cristo. Ele falou a centenas de seus seguidores. Passou quarenta dias conosco depois que ressuscitou do sepulcro, ensinando-nos e preparando-nos para proclamar a verdade: que podemos nos reconciliar com Deus por meio dele. Mais tarde, ele apareceu para Paulo. – Ele estendeu as mãos e deu de ombros. – O mundo sempre mentirá sobre Jesus.

– E odiará aqueles que o seguem – disse Epaneto.

– Se ele tivesse ficado conosco, o mundo saberia.

Silas sorriu.

– Algum dia, em nome de Jesus, todos irão se ajoelhar e confessar que Jesus Cristo é o Senhor.

Curiatus olhou para os outros.

– Os milagres são a prova.

Diana colocou a mão no joelho do filho.

– Milagres não convencem as pessoas. Lembram-se do que Silas nos contou sobre os dez leprosos que Jesus curou? Apenas um voltou para lhe agradecer.

Epaneto concordou.

– Não importa que quinhentas testemunhas da ressurreição de Cristo a atestem em um tribunal de justiça. O fato, meus amigos, é que alguns se recusarão a acreditar, e nenhuma quantidade de provas jamais os influenciará.

Silas sentiu o desânimo deles. Tinha pouca esperança quando chegara. No entanto, as semanas e o trabalho de lembrar tinham ajudado a renová-la a ponto de lhe dar algum encorajamento.

– A prova está nesta sala. – Ele olhou lentamente para cada um deles. – Quando Cristo entra, nós mudamos. – Ele sorriu, e seu coração se elevou quando ele pensou nos outros que havia conhecido. – Vi ladrões se tornarem homens honrados e generosos. Conheci prostitutas do templo que se casaram e agora vivem como esposas fiéis a seus maridos.

– Mesmo assim, Silas – disse Pátrobas tristemente –, você não anseia pelo paraíso? Não anseia pelo fim do sofrimento? Para que o medo acabe?

Silas soltou a respiração suavemente e olhou para as mãos cruzadas antes de falar.

– Todos os dias, nos últimos meses, perguntei ao Senhor por que fui deixado para trás quando quase todos os amigos foram estar com ele. – Ele olhou para os que o escutavam. – Este sentimento não é só meu. A vida é uma luta. Mesmo nos melhores momentos, é uma batalha viver para Jesus neste mundo caído. – Ele não tinha sentido o vazio e a vaidade da vida quando tinha tudo o que um homem poderia querer? – Seria um alívio para qualquer um aceitar Cristo um dia e ser arrebatado para o céu com ele no dia seguinte.

Ouviu-se um suave gorjeio de risadas.

Oh, Senhor, tenho vivido como um homem sem forças por muito tempo. Ajude-me a falar o que sei que é verdade e cure meu coração raivoso e duvidoso.

Silas trouxe os ouvintes de volta à terra.

– Mas e os perdidos? – Ele sorriu tristemente. – Lembrem-se: Jesus nos chamou de sal da terra. Nossa presença preserva a vida e dá a outros tempos para saber a verdade. O Senhor virá quando Deus decidir. Por enquanto, nos apegamos à fé. Nos apegamos às promessas de Jesus em meio às adversidades.

Às vezes, a adversidade vinha de dentro do corpo de Cristo. Silas, Paulo e Pedro escreveram incontáveis cartas às igrejas, advertindo-as contra os falsos ensinamentos e encorajando os crentes a voltar atrás e seguir o exemplo de Jesus. *Ame o próximo! Viva para o que é certo! Viva uma vida pura e sem culpa! Seja fiel!*

A provação resultava de perder Jesus de vista e olhar para o mundo conturbado e caído. Pedro andou sobre a água enquanto não tirou os olhos de Jesus.

Todos na sala ficaram em silêncio, e o único som que se ouvia era o da água jorrando da fonte.

– Vim a vocês com o espírito alquebrado e lutando para manter a fé. O mundo é um mar de desespero, e eu estava me afogando nele. Disse a vocês palavras que eu tinha esquecido. – Ele olhou para Epaneto, parado a um canto. – Obrigado por me fazerem lembrar.

Quando voltei a Jerusalém, o conselho me entregou uma carta de Pedro, que tinha ido para o norte de Antioquia para estimular os crentes de lá. Eu me esforcei para ler o texto de Pedro. Ele tinha levado a esposa e vários companheiros de viagem. Agora, sabemos que ele havia enviado quatro desses companheiros para o norte: dois para pregar na Capadócia, enquanto outros dois viajaram até Parnaso na Galácia. Pedro pretendia visitar as igrejas em Panfília e na Frígia, viajar para Éfeso e depois navegar para Roma. Vários homens de Antioquia se ofereceram para acompanhá-lo, mas Pedro disse que eles eram necessários na Síria. Senti um incentivo naquelas palavras.

– Parto na lua nova e rezo para que o Senhor me providencie um companheiro que saiba escrever em hebraico, grego e latim. Jesus me chamou de pescador de homens, mas nunca de um homem de cartas.

Eu quase podia ver o sorriso autodepreciativo de Pedro, e ri.

– Ele precisa de um secretário.

– Sim, precisa.

O tom de Tiago me fez olhar para cima. Ele sorriu para mim.

– Paulo e Pedro em Roma. Pense nisso, Silas.

Absorvi sua excitação.

– O Senhor visa ao coração do império.

– Quem enviaremos? – outro perguntou.

– Alguém que possa ajudar Pedro.

Desde o momento em que li as primeiras linhas, soube o que o Senhor queria de mim. Sorrindo, enrolei o pergaminho e o segurei como se fosse um bastão.

– Envie-me.

E assim eles fizeram.

Levei João Marcos comigo.

Vendi minhas últimas reservas, aceitei a ajuda de outros dentro do corpo de Cristo e segui para o norte. Todos nós sabíamos que Pedro era impetuoso. Podia não esperar. Quando cheguei e fui levado a ele, vi que quase não havia chegado a Antioquia a tempo.

– Ah, vocês de pouca paciência – eu disse, sorrindo.

Pedro tinha terminado de fazer as malas. Ele se virou para mim com uma risada.

– Silas! Não ousei ter esperança!

Nós nos abraçamos. Embora muito mais velho do que eu, ele ainda era o mais forte. Uma expressão de alívio surgiu no rosto de sua esposa.

– Deus é generoso de o ter enviado para viajar com meu marido.

Beijei-a na face.

– Sou o mais abençoado.

Pedro me deu um tapa forte nas costas.

Eu ri. Foi bom vê-lo. De todos os discípulos, Pedro era meu favorito. A primeira vez que ele me disse que havia negado Jesus três vezes antes que o Senhor fosse crucificado, eu soube que tínhamos muito em comum.

– Partiremos para Tarso pela manhã – disse-me Pedro.

– Você vai fazer que Silas descanse tão pouco, Pedro?

– Temos pouco tempo, amada. Além disso, eu envelheço durante o dia.

Velho, talvez, mas robusto. Era vinte e cinco anos mais velho que eu, e tive dificuldade para acompanhá-lo. Houve dias em que ansiava pelo pôr do sol para que ele parasse e eu pudesse descansar!

A esposa conseguiu segui-lo sem dificuldade aparente.

– O Senhor me deu cinquenta anos para aprender a acompanhá-lo, Silas. – E ela até conseguia preparar as refeições quando acampávamos!

Nunca me cansei de ouvir Pedro falar sobre Jesus. Quem podia falar com mais autoridade do que alguém que estivera entre os primeiros a serem chamados? Jesus morou na casa de Pedro em Cafarnaum. Pedro viu a sogra ser curada de uma febre debilitante. Pedro viu Jesus transformar água em vinho em um casamento em Caná. Pedro estava na montanha quando Moisés e Elias apareceram e falaram com Jesus. Pedro viu Jesus como ele realmente era: Deus, o Filho, a Luz do mundo. Deus revelou Jesus como Messias àquele humilde pescador, teimoso e temperamental. Pedro estava no jardim do Getsêmani, onde Jesus orou em preparação para sua crucificação. Enquanto outros fugiam noite adentro, Pedro seguiu Jesus e a turba que o prendera, permanecendo perto o suficiente para vê-lo ser interrogado. Pedro ouviu Maria Madalena e entrou no sepulcro vazio. Estava no cenáculo com os discípulos quando Jesus provou que a morte não tinha poder sobre ele.

Antes da ascensão, o Senhor encarregou Pedro de alimentar suas ovelhas. E, enquanto fazia isso, Pedro nunca perdeu de vista suas fraquezas. Sempre falou livremente de suas falhas.

– Jesus me pediu para orar, e adormeci durante as horas de sua maior necessidade. Quando Jesus foi preso, tentei matar Malco – disse Pedro. Malco agora era um irmão, e um daqueles que viajaram para o norte com Pedro. Eu os ouvi brincar sobre a pontaria ruim de Pedro. – Neguei conhecer Jesus, não uma, mas três vezes.

Lágrimas muitas vezes escorriam pelo seu rosto quando ele falava.

– Jesus me chamou de *Petros*, "a rocha", e minha fé era de areia. Apesar disso ele me amou, como ama você. E me perdoou, como o perdoou. E me recuperou e vai recuperá-lo. Jesus me perguntou três vezes se eu o amava, uma para cada vez que o neguei. Jesus nos conhece melhor do que nós mesmos.

Eu me perguntava às vezes por que não havia tumultos nas cidades que visitamos, mas ocorreram poucas tentativas de assassinar Pedro. Ele proclamou a mesma mensagem de Paulo, e com o poder do Espírito Santo. No entanto, os judeus não lhe deram atenção. Só posso supor que os líderes judeus o achavam um pescador desprezível. Paulo era um erudito; Pedro não. Paulo tinha sido um deles, um homem de grande estatura por seu intelecto e treinado sob Gamaliel, neto de Hillel, com quem apenas os melhores e mais brilhantes podiam estudar. Pedro foi educado por Jesus, aquele que abriu a porta para todos que estivessem dispostos a se juntar a seu rebanho.

Milhares vieram a conhecer Jesus por meio do testemunho de Pedro. Eu vi a luz entrar nos olhos de muitos.

Enquanto percorríamos a mesma rota que Paulo e eu havíamos tomado, vi e pude apresentar amigos queridos. Áquila e Priscila abriram sua casa para nós em Éfeso. Timóteo e eu passamos horas preciosas juntos. Ele sentia falta de Paulo, mas tinha se tornado um líder capaz. Amava Paulo como um pai e sofria profundamente com sua prisão.

– Temo que ele morra em Roma.

E assim aconteceu. Na época eu já sabia disso, mas não contei a Timóteo para que sua confiança não fosse destruída. Ele ainda se preocupava de não estar à altura da tarefa que Paulo lhe dera.

– Paulo não teria mandado você de volta a Éfeso para resolver as dificuldades entre esses crentes se não tivesse confiança em sua fé e capacidade de ensinar. Apegue-se ao que você sabe, Timóteo. Você se lembra do que Paulo lhe ensinou?

– Ele me ensinou muitas coisas.

– E o que ele disse sobre as Escrituras?

– Elas são inspiradas por Deus e úteis para nos ensinar o que é verdadeiro e nos fazer perceber o que está errado em nossa vida. Corrigem-nos quando estamos errados e nos ensinam a fazer o que é certo.

– E, por meio das Escrituras, Deus prepara e equipa seu povo para fazer as boas obras.

– Sim – disse Pedro –, mas lembrem-se também, meus amigos, de que não são vocês que salvam. É o Senhor que conquista o coração. A não ser que o Senhor chame alguém, essa pessoa não virá.

– Estou aprendendo isso todos os dias – disse Timóteo, desanimado. – Minhas palavras muitas vezes não convencem...

– Seu trabalho é acreditar, meu filho – disse Pedro com firmeza. – E testemunhar a verdade de Cristo. Jesus é o unigênito Filho de Deus, crucificado por nossos pecados, sepultado durante três dias e ressuscitado. Você ensinará isso, e o Espírito Santo fará o resto.

Pedro falou em palavras simples, e Deus as usou para abrir os corações mais duros.

Ainda assim, aprendi que não é da natureza de alguns homens permitir que Deus faça o seu trabalho. Há pessoas que – mesmo com a melhor das intenções – tentam salvar os outros por sua própria força, pensando que suas palavras podem persuadir e mudar corações. Elas frequentemente foram disciplinadas por Deus. Eu orava para que Timóteo nunca seguisse esse caminho.

Partimos de Éfeso. Pedro estava no leme, saboreando seu tempo no mar, enquanto eu suspirava pela sensação da terra sob meus pés. Chegamos em segurança à Grécia e nos encontramos com Apolo.

Os homens muitas vezes se intimidavam diante de Pedro, mas ele sabia colocá-los rapidamente à vontade. Ele revelava suas fragilidades e fracassos.

– Somos todos homens comuns que servem a um Deus extraordinário.

Priscila e Áquila tinham enviado saudações a Apolo.

– Estou em dívida com Priscila e Áquila – disse Apolo. – Tiveram coragem suficiente para me chamar de lado e corrigir minha maneira de ensinar. Eu não sabia nada sobre o Espírito Santo.

Eu ri.

– Priscila é como uma galinha-mãe.

Apolo sorriu.

– De fato, ela é. E me tomou sob sua asa com bastante firmeza.

Corinto estava cheia de problemas.

– Muitos voltam aos velhos hábitos. – Apolo queria o conselho de Pedro. – As pessoas não conseguem se desvencilhar do pecado.

– Sem Deus é impossível. Mesmo aqueles que aceitaram Cristo e receberam o Espírito Santo lutam com sua natureza pecadora. Eu luto contra minhas inclinações naturais todos os dias. – Pedro deu um tapa no ombro de Apolo. – O problema, meu jovem amigo, não é quebrar as correntes, porque Deus já fez isso, mas a disposição de nos tornarmos escravos de Jesus, que nos liberta.

– Um grande paradoxo.

– Nossa fé está cheia de paradoxos. É preciso ter a mente de Cristo para entender. – Pedro riu. – É por isso que o Senhor teve de nos dar o Espírito Santo. Para que pudéssemos entender.

Embora o Senhor tivesse prometido paz de espírito e do coração aos crentes, a vida cristã era um campo de batalha constante, pois o mundo estava contra Deus. Nós também lutamos contra a força do pecado. Lutamos contra os desejos pecaminosos. Guerreamos contra nosso egoísmo. Mesmo quando fazemos o bem, o orgulho tenta roubar a glória de Deus. Um paradoxo atrás do outro. A única maneira de vencer é depor as armas. A única maneira de viver é dar a vida por Cristo. Jesus é o único vencedor, e, somente nos entregando completamente a ele, compartilhamos essa vitória.

Pedro disse isso de forma mais simples.

– Confie no Senhor e no poder de sua força...

Os líderes da igreja se reuniam diariamente, enchendo-o de perguntas, e o outrora impetuoso e exaltado pescador falava com a paciência do Mestre.

À pergunta frequente: "Como evitar a perseguição?", Pedro disse:

– Jesus não evitou a crucificação. Ele desistiu da vida por nós e nos conclama a fazer o mesmo pelos outros. Nunca desperdiçou palavras. As provações mostrarão que sua fé é genuína. Alegre-se quando for perseguido. Em vez de pedir o fim da perseguição, peça forças para perseverar.

Os crentes caminharam conosco pelo istmo de Corinto. Pedro aproveitava cada momento para ensinar.

– Somos um só corpo, unidos em Cristo. Nada pode nos separar. Pensem claramente em meio à adversidade. Exercitem o controle. O Senhor lhes deu a capacidade de se conterem. Não reclamem. Vivam como filhos obedientes de Deus. Não voltem aos velhos hábitos. Lembrem que o Pai celestial a quem vocês oram não tem favoritos. Ele irá julgá-los ou recompensá-los de acordo com o que vocês fazem. Acreditem nele e comportem-se de maneira agradável ao Senhor.

Antes de embarcarmos no navio, ele voltou a reunir os crentes.

– Apeguem-se rápido à sua fé, filhos. Vivam sua vida com reverente medo do Senhor, que os ama e enviou seu Filho para morrer por seus pecados. Livrem-se do mal e mostrem amor sincero pelo próximo. Orem...

Eu ansiava por desenrolar um pergaminho e escrever suas palavras, mas não tive essa oportunidade. Mas agora eu me lembro. Ele ditava cartas curtas e bonitas, cujas cópias guardo comigo. As palavras que contêm são meu escudo de esperança contra flechas de dúvida. Sempre que Pedro falava, suas palavras caíam como pérolas da caixa do tesouro de Deus.

– Se morrermos com ele... – ele disse.

Eles responderam como os havíamos ensinado.

– Também viveremos com ele.

– Se suportarmos dificuldades...

– Reinaremos com ele.

– Se formos infiéis...

– Ele permanecerá fiel, pois não pode negar quem ele é.

Pedro abraçou-os e beijou-os um a um, como se estivesse se despedindo dos próprios filhos, confiando em Deus para protegê-los e guiá-los nos dias difíceis que viriam.

Muitas vezes penso em Apolo, Áquila, Priscila e tantos outros que encontrei ao longo da estrada.

E oro por eles, sabendo que, se ainda vivem, também oram por mim.

Esperávamos embarcar em um navio com destino a Roma, mas acabamos velejando para Tarento. Talvez eu tivesse me acostumado a velejar, pois a viagem pelo Golfo Sarônico não me transformou em uma massa amontoada ao lado de uma bacia pútrida na barriga do navio, ou debruçado na amurada da popa. Até me juntei a Pedro na proa, embora tenha tido motivos para pensar melhor depois. Quando uma onda espirrou em cima de mim, se Pedro não tivesse agarrado meu cinto, eu teria deslizado pelo convés e sob os pés dos marinheiros. Ele explodiu numa risada. Como amei aquele homem! Ele era tão diferente dos homens eruditos que eu conhecera, e, no entanto, era como um pai.

Não estive no mar desde aquela viagem, mas, quando estou à janela aqui em Puteoli e sinto o cheiro do mar salgado, penso em Pedro e em sua esposa. Não como eles morreram, mas como viveram e ainda vivem na presença do Senhor. Toda dor e todo sofrimento acabaram.

Para eles.

Antes de chegarmos a terra, Pedro havia travado conhecimento com cada marinheiro a bordo do navio. Ele conhecia o vento e as velas, e eles sabiam que ele era um deles, um homem do mar. Quando seu sotaque galileu se revelava difícil demais para alguns, eu fazia a tradução. Ele lhes contou histórias do mar: o dilúvio e a arca de Noé! Moisés dividindo o mar Vermelho! Jonas engolido por um peixe enorme! O tempestuoso mar em Tiberíades e Deus Filho, Jesus, andando sobre as águas! Jesus, crucificado, sepultado, ressuscitado, que ofereceu a vida eterna a quem acreditou nele.

Ao nos aproximarmos de Tarento, Juno, o imediato, procurou Pedro.

– Decidi desistir do mar pelo Senhor. Assim que chegarmos ao porto, pedirei a Asíncrito que me libere e irei para Roma com você.

Pedro o abraçou e o encarou.

– Eu lhe falei do vendaval feroz quando estávamos no mar da Galileia e como Jesus dormia? E que, quando o despertamos, ele ordenou que o vento e o mar se calassem e se aquietassem?

– Sim.

Pedro colocou as mãos na balaustrada.

– Atravessamos o país dos gerasenos. Mal saímos do barco, vimos um homem selvagem correndo no meio dos túmulos. Ele veio em nossa direção. Tinha sido acorrentado e algemado lá várias vezes, mas nada pudera detê-lo. Nessa época, eu era muito mais jovem e mais forte do que sou agora, mas temi que o homem fizesse mal a Jesus. Ele gritava maldições e espumava pela boca. Quando pegou pedras, pensei que ele pretendia arremessá-las em nós. Em vez disso, ele se cortou com elas até que seus braços e pernas jorrassem sangue. Jesus disse: "Saia desse homem, espírito maligno". Apenas essas poucas palavras, ditas calmamente enquanto o homem corria em nossa direção. Pensei que aquele ser demoníaco pretendia atacar Jesus e me coloquei em seu caminho. – Pedro deu uma risada autodepreciativa. – Muitas vezes me coloquei na frente de Jesus. Veja, eu ainda não entendia quem ele era.

Pedro agarrou o braço de Juno.

– Jesus me segurou e passou por mim, ao encontro do endemoniado. – A voz dele estava rouca. – O homem caiu de joelhos e prostrou-se, chorando: "Eu imploro, não me torture!". Seu nome era Legião, que significava quantos demônios viviam nele! Eles falaram. Todos nós tínhamos medo dele. Diversas vozes saíram daquele homem miserável, que suplicava a Jesus que não o mandasse para algum lugar distante. Os demônios sabiam quem era Jesus e de onde ele tinha vindo. Jesus os expulsou depois que eles pediram permissão para entrar em um rebanho de porcos que se alimentavam na grama das montanhas.

Ele apoiou o quadril contra a amurada e olhou para Juno.

– Como nós, os pastores viram tudo e fugiram. Voltaram com os habitantes da cidade. A essa altura, já havíamos banhado e batizado o homem. Natanael lhe dera uma túnica e cinto, e João um manto. Quando todos os habitantes da cidade viram que ele estava curado, ficaram com mais medo ainda. Imploraram que Jesus deixasse as Dez Cidades e fosse embora.

– Tolos, todos eles!

– Não seja tão impetuoso em julgar, Juno. Alguns não estão prontos para aceitar Jesus na primeira vez que o encontram.

Eu sabia muito bem que isso era verdade.

– Jesus disse ou fez alguma coisa para mudar a opinião deles?

Pedro sorriu.

– Não. Ele entrou no barco.

– E zarparam?

– Sim.

O repentino bater de uma vela fez Juno erguer os olhos bruscamente. Ele gritou uma ordem, e vários marinheiros se moveram rapidamente para obedecer a seu comando. Ele voltou sua atenção para Pedro.

– Jesus levou o homem com ele?

– Não. O homem implorou para vir conosco. Jesus lhe disse para ir para casa e contar a todos as grandes coisas que o Senhor tinha feito por ele. – Diga a eles como Deus tem sido misericordioso.

Juno fez uma careta.

– Você disse que Jesus chamou os homens para segui-lo.

– Sim, Juno, mas às vezes seguir significa ficar onde se está. – Pedro colocou a mão no braço de Juno e sorriu. – Permaneça como primeiro imediato neste belo navio. Sirva seu capitão como serviria ao Senhor. Onde quer que você esteja, Deus estará com você. O que você carrega agora dentro de si é uma carga mais preciosa que todo o ouro do império. *As boas-novas de Jesus Cristo.* Leve-as a praias distantes. Espalhe a Palavra entre todos que encontrar. Lembre-se do que Jesus disse ao endemoniado: *"Conte-lhes tudo o que o Senhor fez por você e quão misericordioso ele tem sido"*.

– Eu entendo – disse Juno em um tom severo –, mas prefiro ir com você e Silas.

– Ah, sim, e eu preferiria estar com o Senhor. – Ele abriu os braços. – Mas aqui estamos: você, eu, minha esposa, Silas, todos nós, servos do Senhor, que nos salvou e nos chamou para si. Fazemos a sua vontade, não a nossa.

Ficamos algumas semanas em Tarento, durante as quais Pedro se encontrou frequentemente com Juno. Dois outros marinheiros vieram com ele. Pedro abençoou Juno antes de partirmos.

– O Senhor seja seu capitão.

Seguimos a estrada das montanhas. Enquanto descansávamos em Pompeia, falamos com as pessoas na ágora. Então tomamos a direção norte para Roma.

A notícia da chegada de Pedro havia se espalhado, e os crentes judeus vieram para vê-lo. Alguns deles estiveram em Jerusalém durante o Pentecostes, quando o Espírito Santo desceu, e estavam entre os três mil salvos.

Não havia notícia de Paulo.

Roma é ao mesmo tempo magnífica e depravada, uma imponente demonstração dos esforços e vaidades ilimitadas do homem. Achamos nosso caminho pela cidade com facilidade e aprendemos muitas coisas com os judeus que haviam retornado do exílio após a morte do imperador Cláudio. Alguns disseram que Agripina tinha envenenado o marido logo depois que ele adotou seu filho Nero. Britânico, filho natural e herdeiro de Cláudio, morreu misteriosamente durante um jantar festivo, deixando o governo para Agripina. Ela assumiu o governo e mais tarde declarou Nero imperador de Roma. Muitos sabiam que ela detinha as rédeas do poder. As moedas romanas traziam sua imagem voltada para a de Nero, o que significa a igualdade entre os dois.

Chegaram cartas de Puteoli. Paulo havia chegado à Itália sob a guarda romana, depois que ele e Lucas passaram três meses na ilha de Malta, onde haviam naufragado. Ele ficará no Fórum da Via Ápia e depois nas Três Tavernas.

João Marcos e eu nos apressamos a encontrá-los, e eu estava alegre de vê-los. Rindo, Paulo me abraçou.

– Pensei que não voltaria a vê-lo! E aqui está você, em Roma, diante de nós. E João Marcos! – Ele abraçou o jovem. O mal-entendido entre eles há muito tempo tinha sido posto de lado.

– Soube que você teve uma viagem e tanto. – João Marcos sorriu.

– Uma viagem longa, tenebrosa e molhada, mas cheia de oportunidades!

Ele nos apresentou Júlio, o oficial romano encarregado de vigiá-lo, e depois cumprimentou os outros que tinham vindo comigo. Lucas e eu conversamos. Sua maior preocupação era a saúde de Paulo.

– Júlio disse que Paulo pode ter seu próprio alojamento enquanto aguarda julgamento. Pode providenciar isso, Silas?

– Sim. Pedro conhece várias pessoas que podem garantir hospedagem a vocês dois. – Eu sorri.

– Então, Paulo fez de seu guarda um crente!

– Júlio não disse isso diretamente, mas tem o maior respeito por Paulo, e Deus o usou poderosamente para proteger nosso amigo do mal. Quando o navio naufragou à vista da costa, os outros soldados queriam executar todos os prisioneiros para que algum não escapasse. Mas, pelo bem de Paulo, Júlio ordenou que todos fossem poupados.

Lucas explicou que, desde o início da viagem, Paulo havia avisado o capitão do navio que naufragariam e toda a carga se perderia.

– Ninguém o ouviu. Fomos perseguidos por uma tempestade nordeste durante dias. Como não podíamos ver as estrelas, não havia como saber para onde estávamos indo.

Eles aliviaram o peso do navio lançando a carga ao mar e, em seguida, alguns dos equipamentos também.

– Alguns temiam que acabássemos naufragando na costa do continente africano. Na verdade, Silas, pensei que íamos morrer. Só Paulo tinha esperança. Deus lhe disse que ele seria julgado diante de César, mas nenhum homem a bordo acreditou nele. O navio ficou preso entre dois rochedos. Podíamos ver uma praia. Aqueles que podiam nadar até a costa fizeram isso. O resto de nós se agarrou a qualquer coisa que flutuasse. Bebi minha cota de água do mar. Paulo também.

– Como foram recebidos em Malta?

– Muito bem. Fazia frio e chovia. O povo fez uma fogueira na costa. Uma cobra venenosa mordeu Paulo, e ele a atirou no fogo. – Ele riu. – As pessoas achavam que ele era um assassino e que a justiça seria feita. Elas se sentaram ao redor, esperando Paulo morrer. Como ele não morreu, pensaram que ele era um deus e nos levaram a Públio, que honrou Paulo ainda mais quando ele curou seu pai. O homem estava morrendo de disenteria. O povo de Malta trouxe seus doentes a Paulo, e ele os curou. – Ele balançou a cabeça. – Muitas vezes me perguntei por que ele não pôde curar-se do problema de visão e da infecção que o atormentava.

– Ele me disse uma vez que essas coisas o mantinham dependente da força de Deus.

Mandei uma mensagem a Roma. Paulo queria se encontrar com Pedro e com todos os líderes judeus que viessem.

Poucos dias depois de sua chegada, os líderes judeus lotaram a casa alugada de Paulo para ouvir o que ele tinha a dizer.

– Estou preso a esta corrente porque acredito que a esperança de Israel, o Messias, já chegou.

Os líderes balançaram a cabeça.

– Não recebemos cartas da Judeia ou denúncias contra você de qualquer pessoa que tenha chegado aqui. A única coisa que sabemos desse movimento é que ele é denunciado em toda parte.

Era verdade. Fomos denunciados por muitos cujos corações se tornaram tão duros que nenhuma semente da verdade poderia ser plantada neles. Isso ocorria tanto com judeus quanto com gentios. Orávamos constantemente para termos tempo de espalhar as boas-novas em Roma, pois todas as estradas levavam à grande cidade. Essas mesmas estradas levariam os cristãos a todas as províncias do mundo.

Outra reunião foi marcada. Muitos mais vieram para ouvir Paulo. Ele pregou de manhã à noite, oferecendo provas dos cinco livros de Moisés e dos Profetas.

Quando ele terminou, os líderes judeus se levantaram.

– Vamos discutir o assunto entre nós.

Eu me desesperei com aquelas palavras mornas. Eu sabia que aqueles que acreditavam naquele momento não tinham a força da fé para voltar e ouvir. Os outros continuaram obstinados em seu orgulho, rejeitando a ideia de que o Messias escolheria morrer em vez de invocar forças angelicais para livrar Israel de seus opressores romanos. Não queriam nada menos do que o Messias restaurasse seu reino como era sob o reinado de Salomão. Queriam o rei Davi, o guerreiro, e não rei Jesus, Príncipe da Paz.

Paul também se levantou, com o rosto corado e os olhos em chamas.

– O Espírito Santo estava certo quando disse aos seus antepassados: *"O coração deste povo está endurecido, e seus ouvidos não podem ouvir, e eles fecharam os olhos..."*.

Eles se arrepiaram.

Ele se acalmou, mas ainda falou a verdade ousada sem nenhum indício de transigência.

– Quero que saibam que esta salvação também foi oferecida por Deus aos gentios, *e eles a aceitarão.*

Eles saíram. Desde o início, as Escrituras proclamavam Jesus como Senhor sobre toda a terra. Todos aqueles que se voltassem para ele seriam aceitos. Deus havia dito a nosso pai Abraão que ele seria uma bênção para os outros, que todas as famílias da terra seriam abençoadas por meio dele. O Messias viria por meio dos judeus.

Se ao menos eles o tivessem aceitado...

Muitas vezes choro pelo meu povo. Rezo para que eles tragam seus corações de volta a Deus. E vou continuar a orar por isso enquanto tiver fôlego.

Naturalmente, Paulo continuou a ensinar na casa que alugamos para ele. Recebia bem todos os que o visitavam, falava a verdade e ganhou muitos para Cristo, inclusive Júlio, que mais tarde foi transferido para outro posto, não sabíamos para onde. Orávamos por ele diariamente, para que o Senhor o protegesse. Quando um incêndio destruiu grande parte de Roma, guardas romanos vieram com ordens de levar Paulo para a masmorra do imperador. Sabíamos que o fim estava próximo.

Nero reinou como uma criança petulante, ordenando a morte de qualquer um suspeito de conspirar contra ele. Mandou executar a própria mãe, Agripina, que a meu ver foi um final justo para uma mulher tão perversa quanto a esposa do rei Acabe, Jezabel, que liderou muitos que se dedicaram à adoração de ídolos. Ela transformou seu marido assassinado, Cláudio, em um deus, e ela própria foi sua alta sacerdotisa, embora o culto rapidamente se tornou uma piada em Roma assim que ela morreu.

Sêneca e Burro estavam mortos, e com eles qualquer esperança de justiça. Nero agora ouvia o conselho de Tigelino, que reviveu a lei da traição. Muitos nobres romanos foram executados por suspeita de conspiração contra o imperador. Ninguém estava seguro. Mesmo Otávia, esposa de sangue nobre rejeitada por Nero, foi executada, enquanto a nova imperatriz, Popeia Sabina, estimulava a vaidade cada vez maior do imperador.

O provérbio revelou-se verdadeiro: "Quando o mal se senta no trono, os bons se escondem".

Somente os cristãos tinham a certeza do paraíso.

O imperador culpou os cristãos pelo incêndio porque Paulo e Pedro haviam profetizado que o julgamento viria pelo fogo. Alguns diziam que o próprio Nero o ordenara, para concretizar seu plano de reconstruir Roma e chamá-la de Nerópolis. Só Deus sabia quem fizera isso e por quê, mas nós sofremos por isso. Fomos caçados. Fomos amarrados a colunas de arena, encharcados com piche e incendiados para servir de tochas nos jogos de Nero.

Sofremos a perda daqueles que amávamos.

Paulo foi decapitado. Tenho o manto que ele me enviou, um estimado presente do conselho de Jerusalém.

Pedro e sua esposa foram crucificados.

Centenas se esconderam, reunidos em cavernas e agarrados à sua fé na escuridão.

Lucas deixou Roma.

Este mundo não é minha casa. Cada dia que vivo nele, luto. Lembro que a batalha está vencida, que a vitória é certa e minha vida está segura nas mãos de Jesus, que me levará para o céu. E, ainda assim, todo dia é uma luta para me agarrar ao que eu sei que é verdade.

Oh, como anseio pelo dia em que Cristo me chamará para casa e esta guerra dentro de mim terminará!

Mas agora, nesta sala silenciosa em Puteoli, sei que o Senhor me deixou aqui com um propósito. Devo continuar. Devo fazer a corrida de que Paulo falou tantas vezes. Meu amigo chegou ao fim da linha e usa a coroa de louros. Eu o imagino agora, sentado no estádio do paraíso, torcendo por mim.

Para Pedro, a vida era uma viagem, com o Espírito Santo impulsionando--o a atravessar o mar. O Senhor o levou, e sua esposa, a um porto seguro.

Aqueles que eu mais amei não estão perdidos, apenas além da minha visão.

Não posso desistir!

Não posso falhar!

Devo continuar!

SETE

Silas colocou a pena de lado e cortou cuidadosamente o rolo de papiro para que nenhum pedaço fosse desperdiçado. Então, enrolou o pedaço não utilizado e o enfiou na mochila. Soprou as últimas poucas cartas que havia escrito. Elas secaram rapidamente. Removendo os pesos, deixou que o rolo de suas memórias se fechasse. Com um profundo suspiro de satisfação, apoiou os cotovelos na mesa e esfregou o rosto. A tarefa que Epaneto e os outros tinham lhe dado estava terminada.

Cópias das cartas de Pedro tinham sido enviadas a amigos fiéis nas cinco províncias da Ásia, uma para cada ancião formado por Paulo. Também havia feito cópias da Epístola de Paulo aos Romanos, das quais uma fora entregue a Pátrobas.

– Leve esta ao norte para João Marcos. Se ele já saiu de Roma, entregue--a a Ampliato. Ele a guardará com sua vida.

Fez outra cópia para Epaneto. Isso o ajudaria ensinar aqueles sob seus cuidados.

Silas havia feito cópias da carta que Paulo lhe pedira para escrever a todos os cristãos hebreus. Antes de escrevê-la, tinha jejuado e orado. O Senhor lhe havia revelado como os mandamentos, os rituais e os profetas apresentavam as promessas de Deus e mostravam o caminho para o perdão e a salvação por meio de Jesus Cristo, o tão esperado Messias. Ele conhecia bem a luta da velha fé e a nova vida em Cristo, pois a vivera. Derramou seu coração na carta, querendo que todos os judeus soubessem que Jesus era superior aos anjos, líderes e sacerdotes. A antiga aliança se cumprira em Cristo, e a nova lhes dera liberdade em Cristo. O santuário não era mais o templo em Jerusalém, pois o Senhor agora habitava no coração de todos que o aceitaram como Salvador e Senhor. Cristo, sacrifício perfeito, os havia libertado. A carta ordenava aos irmãos e irmãs que se apegassem à nova fé, encorajassem uns aos outros e aguardassem a volta de Cristo. E dava-lhes instruções de como viver uma vida piedosa.

Paulo tinha lido a carta e lhe dera um sorriso satisfeito.

– Bem escrita, meu amigo!

Um grande elogio, de fato, de um homem que Silas admirava muito. Mas não podia levar nenhum crédito.

– O Senhor me deu as palavras.

– Disso, Silas, não tenho dúvida.

Silas sentia falta de conversar com Paulo sobre a Palavra do Senhor. Sentia falta da paixão de Paulo, de sua dedicação, de sua perseverança. Tivera a honra de ver Paulo tornar-se mais humilde ao longo do tempo, e, perto do fim, o tinha visto tão cheio de amor e compaixão que se derramavam dele como haviam se derramado de Cristo. O toque de Paulo curou muitos; suas palavras soaram com verdade. Deus, em sua infinita sabedoria, escolhera um inimigo e fizera dele um amigo íntimo.

Silas estendeu os pergaminhos diante dele. O trabalho de sua vida. Não se separaria de nenhum deles e continuaria a guardar as cartas originais que Paulo havia ditado e aquelas que ajudara Pedro a escrever, junto com a que ele havia escrito, mas deixara sem assinatura. Pesando a Epístola de Paulo aos Romanos em uma mão, enquanto segurava vários pergaminhos menores na outra, ele sorriu diante da diferença. Paulo, o erudito, não podia dizer nada em menos de algumas horas, ao passo que Pedro, o pescador, podia transmitir a sabedoria das eras em poucos minutos. Ambos haviam surpreendido as maiores mentes do império, porque a sabedoria deste mundo era loucura para Deus.

Angústia e alegria brotaram nele. Agarrando os pergaminhos contra o peito, Silas baixou a cabeça, e lágrimas de gratidão escorreram por sua face. "Oh, Senhor, que me permitiu tal privilégio..."

Poucos tiveram a oportunidade de viajar com um, quanto mais com dois grandes homens de Deus. O Senhor colocou Silas ao lado de Paulo quando ele saiu para espalhar as boas-novas para os gregos e, depois, ao lado de Pedro quando fez a longa viagem a Roma. Havia servido como secretário para os dois. Havia caminhado milhares de quilômetros com Paulo e navegado com Pedro. Tinha visto os dois realizarem milagres. E os havia ajudado a fundar igrejas. Eles tinham sido seus amigos.

"... de me usar, eu, o menos merecedor."

Eu escolhi você. Formei suas partes internas e as tricotei juntas no ventre de sua mãe. Você me pertence.

"Que seja sempre assim, Senhor. Examine-me e conheça meu coração. Teste-me e conheça meus pensamentos ansiosos. Aponte qualquer coisa em mim que o ofenda e me conduza ao longo do caminho da vida eterna."

Cuidadosamente, Silas arrumou os pergaminhos para que nenhum fosse danificado quando transportado. Deixou um sobre a mesa. Ele o leria naquela noite, quando todos se reunissem.

Sentiu que um grande fardo era retirado dele. Tinha-se enclausurado por tempo demasiado longo. Era hora de dar um passeio fora da casa-fortaleza de Epaneto.

Macombo estava no pátio, segurando uma jarra.

– Diga a Epaneto que a tarefa está terminada.

Macombo endireitou-se depois de regar uma planta.

– Você parece estar tão bem como nunca o vi.

– Sim. – Com a fé restaurada, sentiu-se curado da aflição. – Estou saindo para ver Puteoli. Já era hora, não é? – Ele sorriu. – Estarei de volta antes da reunião.

Silas vagou pelas ruas a tarde toda. Conversou com estranhos e demorou-se no porto. O ar do mar lhe trouxe uma enxurrada de lembranças.

– Silas?

Seu coração deu um pulo. A voz lhe era familiar. Ele virou-se, com a pulsação disparada.

– Diana. – Ela carregava uma cesta de peixes apoiada no quadril. Ele procurou Curiatus. – Seu filho não está com você? – Nunca os vira separados.

– Está trabalhando. Bem ali. Ele é um mergulhador. – Ela apontou. – Você pode vê-lo no cais, entre aqueles dois navios.

Homens gritaram e Curiatus mergulhou na água. Emergiu ao lado de uma caixa que flutuava perto de um navio e começou a amarrar uma corda em torno dela.

– Ele é um nadador forte.

Diana se aproximou e olhou para ele.

– Nunca vi você aqui embaixo.

Ele se sentiu perdido em seu olhar.

– Não saí de casa desde que passei pela porta de Epaneto. – Envergonhado, ele deu uma risada suave e desviou o olhar. Ela o estava encarando?

– Estou vagando desde o início desta tarde. – Ele era um velho tolo. Mas não conseguia evitar.

O rosto dela se iluminou.

– Você terminou, não é?

Ele assentiu, porque não podia confiar em sua voz. Logo seria hora de partir. Nunca mais a veria. Por que isso doía tanto? Ele mal a conhecia. Não se permitira chegar muito perto de qualquer pessoa em Puteoli, muito menos daquela bela viúva.

– Há tanta coisa que quero saber sobre você, Silas. – Ela corou e deu um sorriso envergonhado. – Quero dizer, todos nós queremos ouvir sua história. Ela se virou, porque Curiatus gritava, mostrando a caixa levantada. – Meu filho o tem pressionado desde que você chegou.

– Ele ajudou a renovar minha fé, Diana. – Não deveria ter dito o nome dela.

– Todos nós vimos como você sofria quando chegou.

– Todos nós sofremos.

– Alguns mais que outros. Não conheci Paulo ou Pedro. Nunca conheci ninguém que tenha andado com Jesus. Só você.

Silas estremeceu por dentro. O velho arrependimento aumentou.

– Não andei com ele. Não como você quis dizer. Apenas uma vez e por alguns quilômetros ao longo da estrada, depois que ele ressuscitou. – Não conseguia olhar para ela por medo da decepção que poderia ver em seus belos olhos escuros. – Preciso voltar. – Ele sorriu sem se fixar nos olhos dela. – Não quero que Epaneto pense que fugi de novo.

Macombo atendeu à primeira batida.

– Obrigado, Deus! Venha. Epaneto não para de andar de um lado para o outro.

– Aí está você! – O romano atravessou o pátio. – Você ficou fora o suficiente para chegar a Pompeia!

Ele não disse nada sobre Diana.

– Eu deixei os pergaminhos.

– E terminou o que todos estão esperando ouvir. Eu vi. – A preocupação de Epaneto parecia incomumente grave.

– O que aconteceu?

– As coisas mudaram. – Nero havia ampliado a busca pelos cristãos. Alguns dos senadores mais ilustres tinham sido mortos, por nenhuma outra razão a não ser terem nascido de sangue nobre. Tinham sido executados por Tigelino, o arrivista siciliano exilado pelo imperador Calígula. – Tigelino alimenta a vaidade de Nero, assim como seus medos. Se alguém adormecer durante uma das reuniões de Nero, sua vida está perdida! Podemos ser gratos por uma coisa: um imperador que não tem tempo para governar seu reino não governará por muito tempo.

Andrônico, Júnia, Rufo e sua querida mãe, que tinham sido tão gentis com Paulo, tinham sido martirizados.

– Estão com o Senhor agora – disse Silas.

– Gostaria de ver a morte daqueles que os mataram! – disse Epaneto ferozmente.

Silas percebeu, com alguma surpresa, que não sentia tal ódio.

– Não desejo a morte de nenhum homem que não tenha sido salvo.

Epaneto virou-se.

– Nem mesmo de Nero?

– Nem mesmo dele.

Epaneto o considerou por um momento.

– Júlio me disse que Paulo tinha grande respeito e carinho por você. Paulo lhe disse que você era um homem de grande intelecto e compaixão, um amigo em todas as circunstâncias.

Silas sentiu as lágrimas apontando diante daquelas palavras.

– Como você conheceu o guarda de Paulo?

– Servimos juntos na Judeia antes de eu fugir.

– Você fugiu?

– Digamos que consegui sair da Judeia por muito pouco e sempre olhando para trás. – Ele olhou ao redor. – Esta casa não me pertence.

Silas resistiu ao desejo de saber mais.

– Onde está Júlio agora?

– Não sei. Não tenho notícias dele há semanas. Pátrobas não conseguiu encontrá-lo.

Silas temia saber o que isso significava.

– Você está em perigo?

– Não da parte de Roma. Ainda não, pelo menos. – O romano relaxou um pouco e acenou.

– Venha. Coma alguma coisa antes que os outros cheguem. Caso contrário, não terá outra chance.

– Devo lhe agradecer por tudo que você fez por mim – disse Silas, seguindo-o.

Epaneto bufou.

– Eu temia ter acorrentado você à sua mesa.

– A tarefa me prendeu. Quando cheguei à sua porta… – Ele balançou a cabeça. – …tinha pouca esperança.

– Conheci homens que enlouqueceram com menos provocação da que você sofreu, meu amigo. Tudo que você precisava era de descanso e tempo para lembrar.

Silas leu o pergaminho naquela noite, do começo ao fim. Quando o enrolou, sabia que havia muitas coisas que tinha deixado de dizer, coisas mais importantes para eles do que saber sobre sua vida.

Teria ele querido parecer bom ao escrever apenas o melhor sobre si mesmo? Sabia que sim. Diana estava sentada a seus pés, e Curiatus ao lado dela. Os que viviam em Jerusalém sabiam tudo sobre ele. Aqueles dois que passaram a significar tanto nada sabiam.

– Você não disse nada sobre sua família, Silas.

– Não, não disse. Talvez seja hora de dizer. – Ele não tinha incluído a vergonhosa verdade do tipo de homem que ele era quando conheceu Jesus. Seu coração estremeceu quando ele olhou nos olhos de Diana. – Há coisas que devo lhes dizer. – Ele afastou os olhos dela, dirigindo-se a todos. – Deixei de contar certas coisas. Tentei esquecê-las ou expiá-las, talvez… – Tropeçou nas palavras. – Eu… – manteve os olhos longe do rosto dela e de Curiatus.

"Minha mãe morreu quando eu era muito jovem, e meu pai, quando eu tinha vinte e dois anos. Era filho único e herdei toda a riqueza acumulada de meu pai de meu avô e do pai dele. Desde que fui capaz de andar, fui tratado como um príncipe e recebi todos os benefícios que o dinheiro podia comprar: educação, conforto, posição. Tínhamos casas em Jerusalém e em Cesareia. Com todo respeito, Epaneto, cresci em uma casa maior que esta, com criados para atender a todos os meus caprichos."

Nunca se sentira tão nervoso mesmo ao falar diante dos liconianos.

– Sempre que meu pai viajava, o que acontecia com frequência, levava-me com ele. Eu tinha aptidão para línguas e negócios, e ele me encorajou, dando-me responsabilidade. – Ele torceu o pergaminho nas mãos.

– Ensinaram-me que éramos melhores que os outros, e acreditávamos nisso por causa da maneira como éramos tratados aonde quer que fôssemos. Nossa riqueza era evidência do favor de Deus, e todos a reconheciam. Até os discípulos achavam que a riqueza significava o favor de Deus, até que Jesus lhes disse o contrário.

Ele olhou ao redor da sala. *Senhor, perdoe-me. Permiti que me tivessem em alta estima.*

Diana pegou o pergaminho das mãos dele.

– Vou segurar isso enquanto você fala, para que não o estrague.

Ele engoliu em seco.

– Eu tinha ouvido falar de Jesus e de seus milagres e acreditei que ele era um profeta de Deus. Queria conhecê-lo. Então vesti minhas melhores vestes, montei minha melhor mula, chamei meu guarda-costas e meus servos, para cuidar de minha segurança e meu conforto, e parti para conhecê-lo.

Ele nunca havia sentido tanto silêncio.

– Espantei-me com seus discípulos, pois eram o tipo de homens que meu pai me ensinara a evitar. Trabalhadores sem instrução ou, pelo menos, não educados na medida em que eu tinha sido. – Eram pessoas como as que agora estavam olhando para ele. – Um tinha fama de ser cobrador de impostos. Fiquei na borda externa da multidão porque não queria encostar meu manto em nenhum deles. Achei que me tornariam impuro.

Ele balançou a cabeça, e seus olhos encheram-se de lágrimas.

– Tal era meu orgulho quando saí ao encontro do Senhor. – Um momento se passou antes que ele pudesse falar. – Estava muito longe para ouvir tudo o que Jesus dizia e quase não ouvia. Também estava ocupado, pensando no que dizer, e como dizer, quando chegasse suficientemente perto dele para poder falar. – Silas fechou os olhos. – Ele me viu vindo em sua direção e disse algo aos outros. Eles abriram espaço para que eu pudesse me aproximar. Não lhes prestei atenção. Tinha sido tratado com aquele respeito por toda a minha vida. As pessoas sempre abriam espaço para mim.

Sua voz ficou rouca.

– Fui até Jesus. Chamei-o de "mestre". Para honrá-lo, vejam vocês. Talvez até para bajulá-lo. E então perguntei... – Ele teve que engolir antes de poder falar. – "que boa ação devo fazer para ter vida eterna?".

Ele sentiu um toque suave em seu pé. Diana olhou para ele com os olhos cheios de lágrimas.

– Tal era o meu orgulho, vejam vocês. Eu dava dinheiro aos pobres cada vez que entrava no templo. Pagava sempre o dízimo como a Lei exigia. Um dia, eu chegaria a governante do povo de Deus. Por causa da riqueza. Pensava que era tão bom que Jesus teria que dizer: *"Nada mais será exigido de você, Silas. O Senhor está satisfeito com você"*. Palavras de louvor! Isso é o que eu tinha ouvido toda a vida. Era o que eu esperava, tolo que eu era. Diante de testemunhas, queria a segurança de Deus de que eu tinha o direito de viver para sempre.

Ele soltou a respiração lentamente.

– Jesus olhou para mim com tanto amor e disse: *"Se deseja receber a vida eterna, obedeça aos mandamentos"*.

– Quais? – eu lhe perguntei, pensando que um fosse mais importante que outro, e Jesus os listou: *"Não cometa assassinato. Não cometa adultério. Não roube. Não preste falso testemunho. Honre seu pai e sua mãe. Ame o próximo como a si mesmo"*.

"Eu tinha obedecido a todos aqueles mandamentos. Até pensei que havia cumprido o último dando algumas moedas para as viúvas famintas e órfãos que costumavam sentar-se nos degraus do templo, e os pobres e destituídos que agraciei com um presente insignificante nas ruas! Tinha tanta certeza de ter obedecido a todos os mandamentos que então perguntei o que mais deveria fazer. Queria ouvi-lo dizer: 'Nada mais'. Mas Jesus não disse isso."

Silas olhou para Epaneto.

– Jesus olhou nos meus olhos e disse: *"Se você quer ser perfeito, vá e venda todos os seus bens, dê o dinheiro aos pobres e terá um tesouro no céu. Então venha, siga-me"*.

"Senti como se a respiração tivesse sido arrancada de mim com um soco. A segurança com a qual tinha vivido toda a minha vida desaparecera. Se a obediência à Lei não bastava, se a riqueza não era um sinal de salvação, eu estava arruinado. Não tinha esperança! 'Então venha', disse Jesus. Se eu estivesse disposto a desistir de tudo que meu pai, meu avô e o pai de meu avô tinham ganhado, e a desistir de toda a renda que tinha ganhado com meu trabalho, então poderia me tornar seu discípulo."

Silas deu uma risada sombria.

– Foi a primeira vez que dinheiro e posição tinham me fechado a porta, em vez de abri-la. Fui embora, confuso e miserável porque sabia que não poderia abrir mão de nada.

– Mas você voltou!

– Não, Curiatus. Não voltei.

– Mas devia!

– Nunca mais me aproximei dele. Não diretamente. Quando Jesus olhou para mim naquele dia, eu soube que ele viu *dentro* do meu coração. Fui exposto diante dele. Nada estava escondido. Mesmo as coisas que eu não sabia sobre mim estavam claras para ele. Pensei que aquilo tinha a ver com dinheiro, mas ele tinha muitos amigos ricos. Tinha ressuscitado um deles da sepultura! Não entendi por que ele disse tudo isso para mim, e não para os outros. Um longo tempo se passou antes que eu entendesse completamente o meu pecado.

"O dinheiro era meu deus. Adorar o Senhor tornou-se mero ritual para conservá-lo. 'Abandone tudo', dissera Jesus, 'e então pode vir a mim'. Mas eu não estava disposto. Agarrei-me ao que tinha herdado. Continuei a construir sobre isso."

Ah, como Silas se arrependeu do tempo que perdera!

– Eu queria ser capaz de adorar Deus sem dar qualquer coisa em troca. Então fiz o que sempre tinha feito. Trabalhei. Fui ao templo. Paguei meus dízimos e fiz minhas oferendas. Dei generosamente aos pobres. Li a Lei e os Profetas. – Ele cerrou os punhos. – E não encontrei paz em nada disso, porque agora eu sabia que todo o meu dinheiro *nunca* seria suficiente para me salvar. As palavras de Jesus me deram fome e sede de justiça. Queria agradar a Deus. Não podia ficar longe de Jesus, mas também não podia enfrentá-lo.

Ele sorriu com tristeza.

– Sempre que Jesus vinha a Jerusalém ou se aproximava da cidade, eu ia ouvi-lo. Eu me misturava à multidão ou ficava atrás de homens mais altos e fortes. Ficava nas sombras, pensando que estava escondido dele.

– E descobriu que não podia se esconder de Deus – disse Epaneto.

Silas assentiu.

– Às vezes eu conversava com discípulos, nunca com os doze mais próximos dele, por medo que pudessem me reconhecer, mas com outros, como Cleófas. Tornamo-nos bons amigos.

Ele fechou os olhos.

– E então Jesus foi crucificado.

Ninguém se mexeu. Silas suspirou e olhou ao redor da sala. As lembranças o inundaram.

– Alguns dos amigos de meu pai estavam entre aqueles que realizaram um julgamento ilegal no meio da noite e o condenaram. Não podiam executar Jesus, e então pediram ajuda a nossos inimigos, os romanos, a fim de realizar seus planos. Eu sabia por que eles faziam isso. Riqueza e poder! Eles amavam as mesmas coisas que eu. Foi esse o motivo do julgamento. Jesus estava virando o mundo de cabeça para baixo. Eles pensavam que, quando ele morresse, tudo voltaria a ser o que fora. Caifás e Anás, assim como muitos dos sacerdotes e escribas, pensavam que ainda podiam ter tudo nas palmas das mãos.

Ele olhou para as palmas das mãos e pensou nos cravos nas mãos de Jesus.

– Na verdade, eles não detinham nenhum poder real.

– Você estava na crucificação?

– Sim, Curiatus. Estava lá, embora gostaria de ter ficado longe. Quando Cleófas e eu vimos que Jesus estava morto, lembro-me de estar grato por ele não ter levado dias para morrer.

Silas balançou a cabeça.

– Todos os discípulos tinham se espalhado na noite em que Jesus fora preso no Getsêmani. Cleófas não sabia o que fazer. Eu o deixei ficar comigo.

Ele saiu por alguns dias para encontrar os outros e depois voltou. O corpo de Jesus havia sido removido para um túmulo, mas agora não estava mais lá. Uma das mulheres alegou tê-lo visto vivo e de pé no jardim fora do túmulo. Mas essa era a mesma mulher que tivera sete demônios expulsos de seu corpo, e pensei que ela tinha enlouquecido novamente.

"Cleófas e eu estávamos ansiosos para ficar longe da cidade, longe do templo", ele prosseguiu. "Ele temia ser capturado. Eu não queria ver a satisfação presunçosa dos escribas e sacerdotes, os fariseus que haviam tramado e ignorado a Lei para matar Jesus. Também não queria estar por perto para ver que os líderes religiosos podiam caçar os discípulos um por um e fazer com eles o que fizeram com Jesus." Ele apertou os lábios. "Até deixei minha bela mula para trás e partimos para Emaús."

Silas apertou as mãos, mas não conseguiu conter o tremor interior.

– Enquanto caminhávamos, conversamos sobre Jesus. Ele era um profeta; disso eu não tinha dúvidas.

Mas ambos tínhamos ficado com muitas perguntas.

– Cleófas insistia que Jesus era o Messias. Eu também pensava assim, mas na verdade achava que, se ele fosse o Messias, eles não poderiam tê-lo matado. Deus não permitiria.

– Mas os sinais e maravilhas! – disse Cleófas. – Ele curou o doente! Fez o cego ver e o surdo ouvir! Ressuscitou os mortos! Alimentou milhares de pessoas com nada mais do que um pão e alguns peixes! Como poderia fazer todas essas coisas se não fosse o ungido por Deus?

– Eu não tinha respostas, apenas perguntas, como ele. Cleófas estava aflito. Eu também. Um homem que não conhecíamos se juntou a nós. "O que vocês estão discutindo com tanta intensidade enquanto caminham?", ele quis saber. Cleófas lhe disse que devia ser a única pessoa em Jerusalém que não sabia de todas as coisas que tinham acontecido nos últimos poucos dias. "Que coisas?", ele perguntou. Sem muita paciência, Cleófas lhe falou de Jesus. Dissemos que acreditávamos que Jesus era um profeta que fizera milagres poderosos. Que era um ótimo mestre e que pensávamos que ele fosse o Messias, mas nossos sacerdotes e líderes religiosos o entregaram aos romanos para ser condenado à morte e crucificado.

Silas esfregou as mãos e entrelaçou os dedos firmemente.

– E então Cleófas lhe contou que as mulheres que tinham ido ao sepulcro o encontraram vazio, e que Maria Madalena havia afirmado ter visto Jesus vivo. Nunca esqueci suas palavras. Ele falou conosco como se fôssemos crianças assustadas, como de fato estávamos. O homem suspirou e nos chamou de tolos. "E vocês acharam difícil acreditar em tudo o que os profetas escreveram nas Escrituras. Não foi claramente previsto que o Messias teria que sofrer todas essas coisas antes de entrar em sua glória?" Ele nos lembrou de profecias que não queríamos lembrar. O Messias seria desprezado e rejeitado, um homem que conheceria a mais profunda dor. Seu povo viraria as costas para ele. Seus inimigos cuspiriam nele, zombariam dele, blasfemariam contra ele e o crucificariam junto com criminosos. Outros disputariam suas roupas nos dados.

"O estrangeiro falou as palavras de Isaías que eu tinha ouvido, mas nunca havia entendido: 'Ele foi ferido por nossa rebelião, esmagado por nossos pecados. Foi espancado para que pudéssemos ficar inteiros. Foi chicoteado para que pudéssemos ser curados. Todos nós, como ovelhas, nos desgarramos. Deixamos os caminhos de Deus para seguir o nosso. No entanto, o Senhor colocou sobre si todos os nossos pecados'."

Silas sentiu as lágrimas se acumularem novamente.

– Eu tremia enquanto o estranho falava, com o xale de oração sobre a cabeça. Eu conhecia a verdade de cada palavra que ele dizia. Meu coração ardia com a certeza disso. Já era tarde quando chegamos a Emaús e pedimos ao homem que ficasse. Diante da hesitação dele, Cleófas e eu imploramos. Ele entrou conosco. Sentamo-nos juntos à mesa. O estranho partiu o pão e estendeu-o a cada um de nós. Foi então que vi as palmas de suas mãos e as cicatrizes em seus pulsos. – Silas piscou para conter as lágrimas. – Então olhei para ele. Ele puxou o manto para trás e nós dois vimos seu rosto. Pela primeira vez desde aquele dia em que ele me dissera para dar tudo que eu possuía aos pobres, olhei em seus olhos… E então ele se foi.

– Ele se foi? Como?

– Desapareceu.

Todos murmuraram.

– O que você viu nos olhos de Jesus, Silas? – perguntou Diana suavemente.

Ele olhou para ela.

– Amor. Esperança. A realização de cada promessa que eu lera nas Escrituras. Vi uma oportunidade de mudar de ideia e seguir Cristo. Vi minha única esperança de salvação.

– E todo o seu dinheiro, as casas, as propriedades? – perguntou Urbano.

– Investi. Fui vendendo as propriedades à medida que surgiam as necessidades da igreja. Comida, um lugar seguro onde viver, a passagem em um navio, provisões para uma viagem, o que fosse necessário. Vendi o último dos meus bens familiares quando Pedro me pediu para vir com ele para Roma.

Epaneto sorriu.

– Você abriu mão de toda a sua riqueza para espalhar a mensagem de Cristo!

– Ganhei muito mais do que perdi. Fui acolhido em centenas de casas e tive uma casa em cada cidade onde morei. – Ele olhou ao redor da sala, em cada par de olhos. – Ganhei irmãos e irmãs, pais e mães, e até filhos além da conta. – Ele abriu os braços com as palmas das mãos para cima. – E, junto com todas essas bênçãos, ganhei o desejo do meu coração: a certeza da vida eterna na presença de Deus. – Ele riu baixinho e balançou a cabeça. – Não tenho um único shekel ou denário em meu nome, mas sou muito mais rico agora do que era quando toda a Judeia me deu a honra de ser um jovem governante rico.

Já era tarde quando a reunião se dispersou. Pequenos grupos saíram a intervalos e por diferentes portas, para que pudessem voltar para a cidade sem despertar suspeita. Diana e Curiatus foram os primeiros a sair. Alguns se demoraram.

– O que você escreveu será lido por gerações, Silas.

Silas só podia esperar que as cópias das cartas de Paulo e Pedro estivessem protegidas.

– As cartas serão um guia...

– Não. Eu quis dizer a *sua* história.

A mulher se virou antes que Silas pudesse dizer qualquer coisa. Ele ficou parado, com uma sensação de mal-estar na boca do estômago, até que os últimos desaparecessem na noite.

A visão de um homem sobre o que acontecera não era um registro completo de eventos importantes! Tudo o que ele tinha feito era mergulhar em suas memórias, escrever suas impressões sobre o que tinha acontecido. Ele havia se permitido viver em seus sentimentos.

Silas nunca caminhara com Jesus durante aqueles anos em que ele pregou da Galileia a Jerusalém, nem viajara com ele para Samaria ou a Fenícia. Não fora testemunha ocular dos milagres. Não se sentara aos pés de Jesus. Quando Jesus lhe disse o que devia fazer, ele se recusou!

Cheguei tarde à fé, Senhor. Demorei para ouvir, para ver e muito mais para obedecer!

Silas pegou o pergaminho e entrou em seu quarto. *Que valor tem este pergaminho se ele desencaminhar algum de seus filhos?* Colocou mais um pedaço de madeira ao fogo que Macombo havia feito no braseiro. *Que esta seja minha oferenda a você, Senhor. Minha vida. Toda ela. Tudo o que já fiz ou farei. Deixe que esta fumaça seja um incenso doce para você. Incendeie meu coração novamente, Senhor. Não me deixe desperdiçar minha vida em devaneios!*

– O que você está fazendo! – Epaneto atravessou a sala. Quando ele estendeu a mão para tirar o pergaminho do fogo, Silas agarrou seu pulso.

– Deixe-o!

– Você passou semanas escrevendo a história e agora queima o pergaminho? Por quê?

– Eles farão muito alarde sobre isso. E não quero deixar para trás nada que possa confundir as crianças.

– Era tudo verdade, não era? Cada palavra que você escreveu!

– Sim, até onde vi. Mas servimos a uma verdade maior do que minhas experiências, pensamentos ou sentimentos, Epaneto. Os outros pergaminhos, aqueles que copiei para você, contêm essa verdade. Paulo e Pedro falaram as palavras de Cristo, e essas palavras permanecerão. – Ele soltou Epaneto. O pergaminho ardia rapidamente. – O que escrevi lá serviu a seu propósito. É hora de deixá-lo ir.

Epaneto olhou para ele.

– Você também não é discípulo de Jesus? Por que não deveria escrever o que sabe para ser um registro para aqueles que virão?

– Porque não fui testemunha ocular dos acontecimentos mais importantes da vida de Jesus. Não andei com ele, vivi com ele, comi com ele, ouvi cada palavra que ele falou de manhã à noite. Não estava lá quando ele andou sobre a água, ou ressuscitou o filho da viúva. Pedro estava.

– Paulo não estava!

– Não, mas Paulo foi o instrumento escolhido por Jesus para levar sua mensagem aos gentios e aos reis, bem como ao povo de Israel. E o Senhor confirmou esse chamado quando falou a Ananias e quando o revelou a mim.

– Jesus o chamou também, Silas. Você também é um profeta de Deus!

– Ele me convocou a abrir mão daquilo que me era mais caro do que Deus. O Senhor falou comigo para que eu encorajasse Paulo e Pedro a realizar a obra que ele lhes dera. Jesus o chamou também, assim como Urbano, Pátrobas, Diana, Curiatus. E vai chamar milhares de outros. Mas o que escrevi não foi inspirado pelo Espírito Santo, meu amigo. Nada mais eram do que lembranças devaneantes de um homem que precisa renovar as forças. Você, eu e todos os demais não escreveremos nada que resistirá ao teste do tempo como as palavras inspiradas pelo Espírito Santo. Para isso Deus usará homens como Paulo, Pedro e outros.

O rosto de Epaneto ainda estava corado.

– A igreja precisa de história, e você acabou de queimá-la!

Silas deu uma risada suave.

– Epaneto, meu amigo, sou apenas um secretário. Escrevo as palavras dos outros e, às vezes, ajudo-os a melhorar o que devem dizer. Ajudei Paulo porque sua visão estava prejudicada. Ajudei Pedro porque ele não sabia escrever em grego ou latim. – Ele balançou a cabeça. – Só uma vez escrevi uma carta, e só porque me mandaram escrevê-la. E o Espírito Santo me deu as palavras. E Paulo as confirmou.

– Os crentes querem saber de tudo o que aconteceu desde o nascimento de Jesus até sua ascensão.

– E Deus chamará alguém para escrever a história! Mas não sou um historiador, Epaneto.

Deus sabia quem seria o escolhido. O concílio de Jerusalém havia discutido o assunto com frequência. Talvez fosse Lucas, o médico. Ele havia falado com aqueles que conheciam Jesus e estava constantemente tomando notas. Passara dias em Éfeso com Maria, a mãe de Jesus, e com João, a quem Jesus tratava como irmão mais novo. Lucas tinha vivido e viajado com Paulo muito mais tempo do que Silas, e era um homem instruído, dedicado à verdade. Ou talvez João Marcos pudesse terminar o que se propusera a fazer da primeira vez que voltara a Jerusalém.

Silas assentiu com confiança.

– Deus chamará o homem certo para registrar os fatos.

Epaneto observou o pergaminho virar cinza.

– Todo o seu trabalho destruído.

Não todo. Havia ainda as cartas de Paulo e de Pedro.

– É melhor queimar toda a minha vida do que permitir uma palavra, uma frase, que engane aqueles que são como crianças em Cristo. Leia as cartas que estou deixando com você, Epaneto. Cristo está nelas. Ele soprou cada palavra no ouvido de Paulo e de Pedro.

– Agora não tenho outra escolha.

– Não. Graças a Deus! – Silas sentiu-se impelido a adverti-lo. – Tenha cuidado com o que aceita como a Palavra do Senhor, Epaneto. Muitos vão criar sua própria versão do que aconteceu. Assim como fiz naquele pergaminho. Você deve comparar o que recebe com as cartas que estou deixando com você. Histórias podem se tornar lendas, e lendas, mitos. Não se deixe enganar! Jesus Cristo é Deus, o Filho. É o caminho, a verdade e a vida. Não se afaste dele.

Epaneto franziu a testa.

– Você está partindo...

– Está na hora.

– Para onde você irá?

– Para o norte, talvez.

– Para Roma? Você estará morto em uma semana!

– Não sei para onde Deus vai me enviar, Epaneto. Ele ainda não me contou. Só que devo ir. – Ele abriu um sorriso suave. – Quando um homem passa tanto tempo olhando para trás, é difícil saber o que está por vir.

Era tarde, e ambos estavam cansados. Deram-se boa-noite e foram para seus aposentos.

Epaneto parou no corredor.

– Alguém me perguntou se você se casou. Se teve filhos. Em Jerusalém, talvez.

– Nunca tive tempo.

– Nunca esteve inclinado a casar-se?

– Se já amei alguém, você quer dizer? Não. Já houve planos para eu ter uma esposa? Sim. Meu pai tinha uma esposa em mente para mim, uma menina com metade da minha idade e de boa família. O pai dela era quase tão rico quanto o meu. A morte de meu pai pôs fim a qualquer pensamento de casamento em minha mente. Estive muito ocupado em garantir a herança que ele e meus ancestrais haviam acumulado. Além disso, ela era muito jovem. – Ele sorriu e deu de ombros. – Ela se casou e teve filhos. Ela e o marido tornaram-se cristãos durante Pentecostes.

Eles tinham perdido tudo quando a perseguição começou, e Silas havia comprado uma casa para o casal em Antioquia. Houve momentos em que ele se perguntou o que sua vida poderia ter sido se tivesse se casado com ela.

– Você parece melancólico.

Silas olhou para Epaneto.

– Talvez. Um pouco. Nós todos pensamos que Jesus voltaria em algumas semanas ou meses. Um ou dois anos no máximo.

– Você sente falta de não ter uma família.

– Às vezes. Mas não poderia ter feito o que fiz se tivesse esposa e filhos. E não poderia ter passado anos viajando com Paulo e trabalhando com Timóteo.

– Você viajou com Pedro. Ele tinha uma esposa.

– Nós nos apresentamos como somos chamados, Epaneto. Pedro já tinha uma família quando Jesus o chamou como discípulo. Admito que, quando viajei com Pedro e sua esposa, muitas vezes ansiei pelo que eles tinham. Não estava nos planos de Deus para mim.

– Ainda há tempo.

Silas pensou em Diana e o rubor inundou seu rosto. Ele balançou a cabeça.

Epaneto deu-lhe um sorriso enigmático.

– Um homem nunca é velho demais para se casar, Silas.

– Só porque ele pode não significa que dever.

Epaneto assentiu, pensativo.

– Ela teria que ser uma mulher especial, imagino.

– Posso pensar em várias que seriam uma esposa adequada para *você*.

Epaneto riu e deu um tapa nas costas de Silas.

– Boa noite, Silas.

Silas acordou com a voz de Curiatus no corredor.

– Mas eu tenho que vê-lo!

– Ele ainda está dormindo – disse Macombo em voz baixa.

– O sol mal nasceu – disse Epaneto de longe. – Por que você está aqui tão cedo?

– Silas vai partir.

– Como você sabe disso?

– Mamãe me contou. Ela disse que sonhou que ele estava em um navio, navegando para longe.

Silas ouviu a angústia na voz do menino e levantou-se.

– Estou aqui, Curiatus. Não fui a lugar nenhum. – *Ainda*. – Foi apenas um sonho. – Mas tinha tocado algum acorde dentro dele que o fez tremer.

O menino foi até ele.

– Quando você vai?

Silas olhou para Epaneto e Macombo, e depois para baixo, para os olhos angustiados de Curiatus.

– Em breve.

– Quanto tempo?

– Em três dias – disse Epaneto, olhando severamente para Silas. – Não antes disso.

– Eu vou com você.

Epaneto deu um passo à frente.

– É assim que você pergunta...?

Silas levantou a mão.

– Não sei para onde vou, Curiatus.

– Você irá para onde Deus o enviar, e quero ir junto! Por favor, Silas, leve-me com você! Ensine-me como você e Paulo ensinaram Timóteo! Circuncide-me se for preciso! Quero servir ao Senhor!

Silas sentiu a garganta apertar. A ideia de partir sozinho foi o que o havia retido por tanto tempo, mas deveria levar o menino com ele?

– Timóteo era mais velho que você quando deixou a mãe e a avó.

– Um ano não faz diferença.

– Um ano fez muita diferença para João Marcos.

– Tenho idade suficiente para saber quando Deus está me chamando!

Silas sorriu com tristeza. E como alguém podia argumentar diante disso? Poderia ele aceitar a palavra de um garoto apaixonado?

Curiatus estava cabisbaixo.

– Você não acredita em mim. Davi foi ungido rei quando era apenas um garoto.

Silas colocou a mão no ombro do menino.

– Preciso orar sobre isso, Curiatus. Não posso dizer sim ou não antes de saber o que Deus quer.

– Ele disse para você ir.

– Sim, mas não para onde.

– Ele enviou discípulos dois a dois. Você foi com Paulo. Você foi com Pedro. Deixe-me ir com você!

– E sua mãe, Curiatus. Quem vai cuidar dela?

– Timóteo tinha uma mãe. E ela o deixou ir!

Não adiantava discutir com o menino.

– Se Deus o chamou para vir comigo, Curiatus, ele confirmará isso me contando. – O que Diana diria de abrir mão do filho quando poderia nunca mais vê-lo?

Curiatus se aproximou.

– Eu sei que Deus vai lhe dizer. Sei que vai.

– Podemos voltar para a cama agora? – disse Epaneto, secamente. – Pelo menos até o sol nascer?

Silas jejuou o dia todo, mas não teve resposta. Jejuou mais um dia e orou.

Epaneto o encontrou sentado no fundo do jardim.

– Curiatus está de volta. Já tem uma resposta para ele?

– Deus tem estado em silêncio sobre o assunto.

– Talvez isso signifique que você pode decidir, embora pareça não haver dúvida na mente de Curiatus do que Deus quer que ele faça.

– João Marcos saiu cedo demais.

– Timóteo era mais jovem e nunca olhou para trás.

– Achei que tudo estava resolvido.

– Ah, sim. Bastava pegar seu pacote de pergaminhos e partir.

Silas lançou-lhe um olhar sombrio. Por que o romano sentia um prazer tão perverso em provocá-lo?

Epaneto sorriu.

– Acho que a decisão é mesmo mais difícil quando não se pode ter um sem o outro.

Silas olhou para ele, o coração batendo forte.

– Essa é a resposta, então. – Ele sentiu um incômodo em seu espírito, mas o ignorou. – Se o menino não está pronto para deixar a mãe, não ouso levá-lo comigo.

Epaneto deu um resmungo de aborrecimento.

– Não foi isso que eu disse. E, mesmo que fosse, há uma solução! Você poderia...

Silas levantou-se abruptamente.

– Não sei para onde Deus vai me levar, ou se vou voltar para cá novamente. – Passou por Epaneto e dirigiu-se para a casa. – Quando partir, irei sozinho. – Por que não sentiu nenhum alívio em dizer isso?

– Você está com medo de novo! – Epaneto chamou por ele.

Silas continuou andando.

Dessa vez Epaneto gritou.

– Leve Diana com você!

O rubor brotou no rosto de Silas. Ele virou-se.

– Baixe sua voz.

– Ah, esse tom imperioso. Ouvi isso muitas vezes de nobres romanos. Eu queria que você me ouvisse!

– Não posso levar uma mulher! Sua reputação estaria arruinada e meu testemunho, sem sentido!

Epaneto bufou.

– Não estou sugerindo que você a torne sua concubina. *Case-se com ela!*

Silas pensou em Pedro, amarrado e indefeso, clamando à esposa enquanto os soldados de Nero a torturavam: *"Lembre-se do Senhor! Lembre-se do Senhor!"*

A garganta de Silas se apertou de angústia.

– Deus o perdoe por sugerir isso! – Sua voz falhou.

O rosto de Epaneto se encheu de compaixão.

– Silas, vi o jeito como você olha para ela, e como ela parece...

– Prefiro me matar agora do que ver a mulher que amo ser torturada e martirizada na minha frente.

– Entendo – disse Epaneto lentamente. – Mas eu lhe pergunto: o tempo todo em que você jejuou e orou, estava perguntando a Deus o que ele quer que você faça ou implorando a ele para concordar com o que você já decidira?

Quando Silas contou a Curiatus sua decisão, o menino chorou.

– Sinto muito. – Silas mal conseguia pronunciar as palavras por causa da secura da garganta. – Talvez em alguns anos...

– Você vai sair de Roma e nunca mais voltar.

– É melhor se eu for sozinho.

– Não, não é.

– Você não é um homem, Curiatus.

– Sou tão homem quanto Timóteo era quando você o levou.

– Isso foi diferente.

– Como foi diferente?

Silas implorou a Deus por uma maneira de explicar, mas as palavras não vieram. Curiatus esperou, com olhos suplicantes. Silas abriu os braços, incapaz de dizer qualquer coisa.

O menino perscrutou o rosto de Silas.

– Você não quer que eu vá. É isso, não é?

Silas não conseguia mais olhar nos olhos do garoto. Curiatus levantou-se lentamente e foi embora, de ombros curvados.

Silas cobriu o rosto.

A voz de Epaneto soou com palavras baixas e indistintas, mas o tom era claro. Ele confortava o menino. Silas esperava que seu anfitrião entrasse no triclínio para admoestá-lo. Em vez disso, foi deixado sozinho.

Naquela noite, Silas leu na reunião as cartas de Pedro para as cinco províncias. Diana e Curiatus não compareceram. Silas estava grato. Despediu-se das pessoas e tentou não pensar no menino e na mãe. Recebeu uma oferenda de amor para acompanhá-lo no caminho. Os irmãos e irmãs choraram quando lhe impuseram as mãos e oraram para que Deus o abençoasse e protegesse onde quer que ele fosse. Ele também chorou, mas por motivos nos quais não queria pensar muito profundamente.

– Vamos orar por você todos os dias, Silas.

Ele sabia que eles cumpririam a promessa.

Cedo na manhã seguinte, levantou-se com a certeza de como viajaria, mas não para onde. Tinha sonhado que o Senhor o chamava para um navio. Ele vestiu a nova túnica que Epaneto havia lhe dado. Enrolou a faixa e enfiou nela a bolsa de denários. Prendeu o anel de prata e atou as tiras de couro que seguravam o estojo que continha suas penas de cana e a faca para fazer correções e cortar o papiro. Então, amarrou o tinteiro. Vestiu o manto que Paulo lhe dera e pegou o pacote de pergaminhos.

Epaneto esperava por ele no pátio.

– Tem tudo de que precisa para a jornada?

– Sim. Obrigado. Já viajei com muito menos. Você e os outros foram mais do que generosos.

– Foi uma honra tê-lo aqui, Silas.

Ele apertou o braço de Epaneto.

– Uma honra para mim também.

– Você vai pegar a estrada norte para Roma ou descer para o mar?

– Para o mar.

Epaneto sorriu estranhamente.

– Nesse caso, vou acompanhá-lo.

Saíram de casa e desceram as ruas sinuosas. A ágora fervilhava de gente. Urbano lhes fez um aceno de cabeça quando eles passaram. Quando chegaram ao porto, Silas observou os rostos dos jovens.

– Está procurando alguém? – perguntou Epaneto.

– Curiatus. Esperava dizer-lhe adeus.

– Eles estão ali.

Silas se virou e seu coração saltou na garganta. Diana e Curiatus caminhavam em direção a ele, cada um carregando uma trouxa.

Ele os cumprimentou.

– Estou feliz em ver vocês. Senti sua falta na noite passada.

Diana colocou a trouxa no chão.

– Tivemos que tomar certas providências.

Providências?

Curiatus olhou para as docas.

– Então, em que navio vamos embarcar?

Silas se espantou.

– O quê?

Rindo, Epaneto agarrou o menino pelo ombro.

– Venha comigo, meu menino. Vamos ver qual navio tem espaço para passageiros extras.

Silas desviou o olhar deles para Diana.

– Ele não pode ir comigo.

– Nós devemos.

Nós?

Ela olhou para ele gravemente.

– Silas, oramos a noite toda para que o Senhor nos deixasse claro o que devíamos fazer. Todos na igreja estão orando por nós. Você conhece o coração do meu filho. Assim, apresentamos a situação ao Senhor. Se você pegasse a estrada para o norte, deveria ir sozinho. Se viesse ao porto, devíamos ir com você. – Ela sorriu, e seus olhos brilhavam. – E aqui está você.

Ele lutou para não chorar.

– Não posso levar você comigo, Diana. Não posso.

– Porque teme o mal que possa vir a mim. Eu sei. Epaneto me contou.

– Você não sabe.

– Meu corpo pode estar quebrado, minha vida pode me ser tirada, mas nunca estarei ferida, Silas. Nem Curiatus. Além disso, as Escrituras não dizem que três juntos são mais fortes que um? O Senhor não nos dará mais do que podemos suportar, e temos o céu para nos receber. E o Senhor estará conosco aonde quer que formos.

– Pense no que os outros vão pensar, Diana, um homem viajando com uma mulher. Você sabe o que as pessoas vão pensar. Como poderei pregar uma vida santa se parecermos estar… – Ele afastou os olhos. – Você sabe o que quero dizer.

Ela assentiu.

– Vivendo em pecado?

– Sim. Então, está decidido.

Os olhos dela se suavizaram.

– Sim. Claro que está. Devemos nos casar.

Ele corou.

– Você devia ficar aqui e se casar com um homem mais jovem.

– Por que eu faria isso quando é você que eu amo?

Ela se aproximou, estendeu a mão e tocou o rosto dele.

– Silas, quando o vi pela primeira vez, eu soube que queria ser sua esposa. E, quando Curiatus ficou tão determinado a fazer você levá-lo, isso só serviu para confirmar minha crença de que Deus dirigiu seus passos. O Senhor o trouxe aqui, não apenas para descansar, mas para encontrar a família que ele preparou para você. – Seus olhos brilharam. – Esperamos tanto tempo por isso!

O coração dele disparou.

– Eu não suportaria vê-la machucada.

– Se você nos deixar para trás, partirá nossos corações.

– Isso é injusto!

– É mesmo? Foi o Senhor que disse que um homem não deve viver sozinho. Todos esses anos, você dedicou sua vida a ajudar os outros. Você serviu Paulo, Pedro, Timóteo, João Marcos, as igrejas. E agora Deus lhe oferece uma família, algo de que sei que você sente falta, algo que sei que você quer. – Ela olhou para cima, e seu coração estava em seus olhos. – É o Senhor que derrama bênçãos sobre aqueles que o amam, Silas. Você ensinou isso. Você sabe que é verdade.

E como a graça, essa era uma dádiva gratuita que ele só tinha que receber.

– Diana... – Ele se inclinou e a beijou. Os braços dela se fecharam ao redor dele e deslizaram por suas costas. Ele se aproximou mais e a tomou firmemente nos braços. Foi um encaixe perfeito.

– E o Senhor deu visão aos cegos! – disse Epaneto.

Silas recuou, mas não conseguia tirar os olhos do rosto de Diana corado de prazer, seus olhos brilhando de alegria. Ele nunca tinha visto beleza maior. Tomou a mão dela e sorriu para Epaneto.

– De fato, ele deu. – *E eu lhe agradeço por isso, Senhor.*

Epaneto pôs as mãos nos quadris.

– Como você me disse, Silas: "Você pode fazer muitos planos, mas o propósito do Senhor prevalecerá". – E piscou para Diana.

O som alegre da risada de Diana fez Silas recuperar o fôlego. A gratidão cresceu dentro dele como uma fonte de água viva. Ela o amava! Ela realmente o amava! *Nunca pensei ter esta bênção, Senhor. Nunca, em toda a minha vida.*

Curiatus gritou do cais e correu para eles. Sem fôlego, ele os alcançou. Viu que Silas segurava a mão de sua mãe, e seu rosto se iluminou.

– Há espaço naquele navio – disse ele, apontando.

Epaneto deu um tapinha nas costas do menino.

– Haverá outro navio, outro dia. Primeiro temos um casamento a organizar.

O vento inflou as velas, e o barco singrou as águas do Mediterrâneo. Uma onda salpicou uma névoa salgada sobre o convés, um bem-vindo frescor no calor do sol da tarde.

Silas conversou com vários tripulantes e depois foi até Diana e debruçou-se na balaustrada ao lado dela. Ela sorriu para ele.

– Onde está Curiatus?

– Ajudando um dos marinheiros a mover alguma carga.

Ela olhou para o horizonte novamente, sua expressão extasiada de prazer.

– Nunca vi tantos azuis e verdes. – Estava maravilhada como uma criança. Ela apoiou-se no ombro dele. – Nunca me senti mais feliz, Silas. Para onde quer que estejamos indo, sei que Deus é o vento nas velas.

– Estamos navegando para a Córsega – disse ele. – E daí para a Ibéria.

Ela olhou para ele com surpresa.

– Ibéria?

Ele não viu medo nos olhos dela.

– Sim.

Paulo tinha começado a fazer planos logo depois de chegar a Roma.

– Pedro está aqui – dissera Paulo, inquieto no confinamento –, e você também. Fundaremos uma igreja em Roma e o trabalho continuará. Se César retirar as acusações contra mim, irei para a Espanha. Devo ir, Silas! Ninguém ainda esteve lá. Nós todos devemos ir.

Nós.

Mesmo preso em casa, Paulo havia continuado o trabalho que Deus lhe dera. Continuava sonhando e planejando.

– Temos irmãos e irmãs de fé que podem continuar aqui, Silas! Mas há outros que ainda não ouviram as boas-novas de Jesus Cristo. Algum dia eu irei, se Deus quiser, e, se não quiser, o Senhor enviará outra pessoa capaz de pregar e ensinar...

Silas apertou frouxamente a balaustrada. O céu estava uma vastidão de azul e branco.

Lá em cima talvez houvesse uma multidão de testemunhas observando-o, orando por ele, torcendo por ele. Paulo, Pedro, todos os amigos que conhecera e amara.

E Jesus também o observava. *Ide e fazei discípulos em todas as nações, batizando-os em nome do Pai, do Filho e do Espírito Santo.*

Epaneto e os outros estariam orando. Sim, Senhor. Espanha primeiro e, a partir daí, o que Deus quisesse. Ele e Diana continuariam em frente enquanto o corpo e o fôlego permitissem.

Curiatus gritou, e Silas olhou para cima. O menino subia pelo mastro.

Diana riu.

– Ele está vendo o que está por vir.

Quando o corpo e o fôlego de Silas falhassem, outro estaria pronto para continuar.

A Palavra da Verdade seria dita. A Luz continuaria a brilhar.

E Deus conduziria seu rebanho às portas do paraíso.

PROCURE E ACHE

Caro leitor,

Você acabou de ler a história de Silas, escriba da Igreja primitiva e companheiro de viagem de Paulo e Pedro, contada por Francine Rivers. Como sempre, é desejo de Francine que você, leitor, mergulhe na Palavra de Deus para descobrir a verdadeira história, para descobrir o que Deus tem a nos dizer hoje e encontrar aplicações que vão mudar nossa vida para adequá-la aos propósitos divinos para a eternidade.

Embora as Escrituras nos digam pouco sobre a vida pessoal de Silas, encontramos evidências de um homem muito comprometido. Ele era um líder proeminente da Igreja e um profeta talentoso, que escolheu abandonar o que o mundo veria como uma carreira muito promissora. Tornou-se voluntariamente um escriba, ou secretário, registrando as cartas dos apóstolos Paulo e Pedro.

É interessante notar que, embora três dos Evangelhos registrem a história do jovem rico, apenas o Evangelho de Lucas se refere a ele como um rico líder religioso. O relato dos dois seguidores de Jesus no caminho de Emaús também só é encontrado no Evangelho de Lucas. Silas foi um líder religioso e companheiro de viagem de Lucas. Portanto, a presunção desta história, que mostra Silas tanto como um jovem governante rico quanto como o companheiro de Cleófas no caminho para Emaús, certamente não é impossível.

Quaisquer que sejam as especificidades de sua vida, sabemos que Silas se livrou das armadilhas terrenas de posição e poder para seguir o Senhor. Sua vida ecoa a de outro escritor, o Autor da Palavra Viva e Consumador de nossa fé, Jesus.

Que Deus o abençoe e o ajude a descobrir o chamado de Deus em sua vida. Que descubra um coração obediente batendo dentro de você.

Peggy Lynch

ESCOLHIDOS

Busque a palavra de Deus para a verdade

Leia a seguinte passagem:

Quando chegaram a Jerusalém, Barnabé e Paulo foram acolhidos por toda a igreja, inclusive pelos apóstolos e anciãos. Eles relataram tudo o que Deus tinha feito por meio deles. Mas então alguns dos crentes que pertenciam à seita dos fariseus se levantaram e insistiram: "Os gentios convertidos devem ser circuncidados e obrigados a seguir a Lei de Moisés".

Então os apóstolos e anciãos se reuniram para resolver essa questão. Pedro se levantou e se dirigiu a eles como segue: "Deus conhece o coração das pessoas e confirmou que aceita os gentios. Ele não fez distinção entre nós e eles, pois limpou seus corações pela fé. Acreditamos que todos nós somos salvos da mesma maneira, pela graça imerecida do Senhor Jesus".

Tiago se levantou e disse: "Meu julgamento é que não devemos tornar isso difícil para os gentios que estão se voltando para Deus. Em vez disso, devemos escrever e dizer a eles que se abstenham de comer alimentos ofertados a ídolos, de imoralidade sexual, de comer a carne de animais estrangulados e de consumir sangue".

Então os apóstolos e anciãos, juntamente com toda a igreja em Jerusalém, escolheram delegados e os enviaram a Antioquia da Síria com Paulo e Barnabé para relatar essa decisão. Os homens escolhidos foram dois dos líderes da igreja: Judas (também chamado Barsabás) e Silas.

Os mensageiros foram imediatamente para Antioquia, onde convocaram uma assembleia geral dos crentes e entregaram a carta. E houve grande alegria em toda a igreja naquele dia, quando eles leram a mensagem encorajadora.

Então Judas e Silas, ambos profetas, falaram longamente aos crentes, encorajando e fortalecendo sua fé.

Depois de algum tempo, Paulo disse a Barnabé: "Vamos voltar e visitar cada cidade onde pregamos a palavra do Senhor, para ver como estão os novos crentes". Barnabé concordou e queria levar com eles João Marcos. Mas Paulo discordou fortemente, já que João Marcos os havia abandonado na Panfília e não tinha continuado com eles em seu trabalho. O desacordo deles foi tão forte que eles se separaram. Barnabé levou consigo João Marcos e partiu para Chipre. Paulo escolheu Silas e, ao sair, os crentes os confiaram aos cuidados graciosos do Senhor.

ATOS 15,4-9. 11. 13. 19-20. 22. 30-32. 36-40

QUAL ERA A PREOCUPAÇÃO DOS PRIMEIROS LÍDERES DA IGREJA QUE LEVARAM A ESSA REUNIÃO GERAL?

QUE LÍDERES NOTÁVEIS ESTAVAM PRESENTES?

QUE HOMENS FORAM ESCOLHIDOS PARA ACOMPANHAR PAULO E BARNABÉ NA ESTREGA DA CARTA? EM QUE ESSES DOIS HOMENS ERAM ESPECIFICAMENTE DOTADOS?

QUAL ERA A MISSÃO DELES? COMO FORAM RECEBIDOS?

QUE FATOS OCORRERAM PARA SEPARAR BARNABÉ E PAULO?

QUEM PAULO ESCOLHEU COMO COMPANHEIRO DE VIAGEM E PARA ONDE ELES FORAM?

DESCUBRA OS CAMINHOS DE DEUS PARA VOCÊ

ALGUMA VEZ VOCÊ JÁ TENTOU IMPOR RESTRIÇÕES AOS OUTROS? O QUE ACONTECEU?

COMPARTILHE UMA ÉPOCA EM QUE ALGUÉM TENTOU LHE IMPOR RESTRIÇÕES. COMO ISSO FUNCIONOU?

Quem você precisou encorajar e estimular? O que o impediu de fazer isso?

Pare e pense

Agarremo-nos firmemente, sem vacilar, à esperança que afirmamos, pois Deus pode ser confiável para manter sua promessa. Vamos pensar em maneiras de motivar uns aos outros para atos de amor e boas obras. Encorajem uns aos outros, especialmente agora que o dia de seu retorno está se aproximando.

Hebreus 10,23-25

CONDENADOS

BUSQUE A PALAVRA DE DEUS PARA A VERDADE

Nesta história, o ensinamento de Cristo deixou Silas perturbado. Leia as palavras seguintes de Jesus e veja como pode ser difícil para um líder proeminente ouvi-las e aceitá-las.

Ame seus inimigos! Ore por aqueles que o perseguem! Se você ama apenas aqueles que o amam, que recompensa há para isso? Até os coletores de impostos corruptos fazem isso. Se você é gentil apenas com seus amigos, em que você é diferente de qualquer outro? Você deve ser perfeito, assim como seu Pai no céu é perfeito.

MATEUS 5,44. 46-48

O QUE JESUS ESPERAVA? POR QUÊ?

Se algum de vocês quiser ser meu seguidor, deve abandonar seus caminhos egoístas, tomar sua cruz e seguir-me. Qual é seu benefício se ganhar o mundo inteiro, mas perder sua alma? Alguma coisa vale mais do que sua alma?

MATEUS 16,24. 26

COMO AS EXPECTATIVAS DE JESUS PODEM TER INCOMODADO SILAS?

____

____

____

____

Se você ama seu pai ou sua mãe mais do que me ama, você não é digno de ser meu; ou se você ama seu filho ou sua filha mais do que eu, você não é digno de ser meu. Se você se apegar à vida, você a perderá; mas, se abandonar sua vida por mim, você vai encontrá-la.

MATEUS 10,37. 39

POR QUE SILAS LUTOU COM ESSAS PALAVRAS DE JESUS?

____

____

____

____

Não faça suas boas ações publicamente, para ser admirado pelos outros, pois você perderá a recompensa de seu Pai que está no céu. Dê seus presentes em particular, e seu Pai, que tudo vê, o recompensará.

Quando orar, não seja como os hipócritas, que amam orar publicamente nas esquinas das ruas e nas sinagogas onde todos podem vê-los. Mas, quando orar, afaste-se, feche a porta atrás de você, e ore ao seu Pai em particular.

Quando orar, não balbucie sem parar. Seu Pai sabe exatamente do que você precisa mesmo antes de perguntar a ele!

MATEUS 6,1. 4-8

QUE INSTRUÇÕES JESUS DÁ AQUI? E QUE ADVERTÊNCIAS?

DE QUEM SILAS PENSOU QUE JESUS ESTAVA FALANDO? POR QUE FICOU INCOMODADO?

Não acumule tesouros aqui na terra. Onde quer que seu tesouro esteja, ali também estarão os desejos do seu coração. Não se pode servir a dois senhores. Pois você vai odiar um e amar o outro; será dedicado a um e desprezará o outro. Você não pode servir a Deus e ao dinheiro.

MATEUS 6,19. 21. 24

NOVAMENTE, O QUE JESUS ESPERA E POR QUÊ?

COMO ESSAS PALAVRAS PODEM TER PERTURBADO SILAS ANTES QUE ELE ESCOLHESSE SEGUIR CRISTO?

ENCONTRE OS CAMINHOS DE DEUS PARA VOCÊ

QUAIS DESSES ENSINAMENTOS PARECEM DIFÍCEIS PARA A CULTURA ATUAL? QUAIS PARECEM INJUSTOS?

QUAL PARECE SER UM TEMA RECORRENTE?

QUE ENSINAMENTO LHE PARECE DIFÍCIL PESSOALMENTE? POR QUÊ?

Pare e pense

Não deixe que seu coração seja perturbado. Confie em Deus e também confie em mim.

João 14,1

COMPELIDOS

Busque a Palavra de Deus para a Verdade

Leia a seguinte passagem:

No dia de Pentecostes todos os crentes estavam reunidos em um só lugar. De repente, vindo do céu, um som que parecia o rugido de um forte vendaval encheu a casa onde eles estavam. Então, o que pareciam chamas ou línguas de fogo apareceram e pousaram em cada um deles. E todos os presentes se encheram do Espírito Santo e começaram a falar outras línguas à medida que o Espírito Santo lhes dava essa capacidade.

Naquela época havia judeus devotos de todas as nações morando em Jerusalém. Quando ouviram o barulho alto, todos vieram correndo e ficaram perplexos ao ouvir suas próprias línguas faladas pelos crentes.

Ficaram completamente surpresos. "Como isso é possível?", exclamaram. "Essas pessoas são todas da Galileia, e ainda assim as ouvimos falar em nossas línguas nativas as coisas maravilhosas que Deus fez!" Ficaram ali, espantados e perplexos. "O que isso pode significar?"

Mas outros na multidão os ridicularizavam, dizendo: "Estão bêbados, só isso!".

Então Pedro deu um passo à frente com os outros onze apóstolos e gritou para a multidão: "Ouçam com atenção, todos vocês, companheiros judeus e moradores de Jerusalém! Não se enganem sobre isso. O que veem foi previsto há muito tempo pelo profeta Joel:

Nos últimos dias!, diz Deus,
derramarei meu Espírito sobre todas as pessoas.
Seus filhos e filhas profetizarão.
Seus jovens terão visões
e seus velhos terão sonhos.
Nesses dias derramarei meu Espírito
até mesmo sobre meus servos, homens e mulheres,
e eles profetizarão.
E farei maravilhas nos céus acima
e sinais na terra abaixo
antes que chegue o grande e glorioso dia do Senhor.
Mas todos que invocarem o nome do Senhor serão salvos.

"Povo de Israel, ouça! Deus confirmou publicamente que Jesus, o Nazareno, fez milagres, maravilhas e sinais poderosos, como vocês bem sabem. Mas Deus sabia o que podia acontecer, e seu plano preestabelecido foi executado quando Jesus foi traído. Com a ajuda de gentios sem lei, vocês o pregaram em uma cruz e o mataram. Mas Deus o liberou dos horrores da morte e o trouxe de volta à vida, pois a morte não poderia mantê-lo em suas garras. E somos todos testemunhas disso."

As palavras de Pedro perfuraram seus corações, e eles lhe perguntaram e aos outros apóstolos: "Irmãos, o que devemos fazer?".

Pedro respondeu: "Cada um de vocês deve se arrepender de seus pecados, voltar para Deus e ser batizado em nome de Jesus Cristo para o perdão dos seus pecados. Então você receberá o dom do Espírito Santo. Esta promessa é para você, para seus filhos e até mesmo para os gentios, todos os que foram chamados pelo Senhor nosso Deus".

Os que creram no que Pedro disse foram batizados e aceitos na igreja naquele dia: cerca de três mil ao todo.

Todos os crentes se dedicaram ao ensino dos apóstolos, ao companheirismo, a compartilhar as refeições (inclusive a Ceia do Senhor) e à oração.

ATOS 2,1-8. 11-14. 16-24. 32. 37-39. 41-42

DISCUTA A REUNIÃO DE ORAÇÃO DESCRITA NESSA PASSAGEM. QUE PESSOAS ESTAVAM REUNIDAS E POR QUÊ? DESCREVA O QUE ACONTECEU.

COMO O POVO REAGIU?

O QUE PEDRO FEZ?

Quais os pontos principais da mensagem de Pedro nesse dia?

Quais foram os resultados da mensagem de Pedro? Por que você acha que isso aconteceu?

Encontre os caminhos de Deus para você

Onde você gasta seu tempo e com quem? Por quê?

Que influência você exerce sobre outras pessoas? Que influência elas têm sobre você?

QUE EFEITO DURADOURO SUA VIDA TERÁ? QUE EFEITO DURADOURO VOCÊ QUER QUE ELA TENHA?

____

____

____

____

Pare e pense

Não copie o comportamento e os costumes deste mundo, mas deixe que Deus o transforme em uma nova pessoa mudando a maneira como você pensa. Então você aprenderá a conhecer a vontade de Deus para você, que é boa, agradável e perfeita.

Romanos 12,2

CONFIRMADOS

Busque a Palavra de Deus para a Verdade

Leia a seguinte passagem:

Paulo foi primeiro a Derbe e depois a Listra, onde estava um jovem discípulo chamado Timóteo. Sua mãe era uma judia crente, mas seu pai era grego. Timóteo gozava de boa reputação entre os crentes de Listra e Icônio, de modo que Paulo queria que ele se juntasse a eles em sua jornada.

Em seguida, Paulo e Silas viajaram pela região da Frígia e da Galácia, porque naquele tempo o Espírito Santo os havia impedido de pregar a palavra na província da Ásia.

Naquela noite, Paulo teve uma visão: Um homem da Macedônia, no norte da Grécia, estava ali, lhe implorando: "Venha para a Macedônia e nos ajude".

Embarcamos em um navio em Trôade e navegamos direto para a ilha de Samotrácia, e no dia seguinte desembarcamos em Neápolis. De lá chegamos a Filipos, uma importante cidade daquele distrito da Macedônia e uma colônia romana. E lá ficamos vários dias.

No sabá, saímos um pouco da cidade até a margem de um rio, onde pensávamos que as pessoas se encontrariam para orar, e nos sentamos para falar com algumas mulheres que haviam se reunido ali. Uma delas era Lídia de Tiatira, uma comerciante de caros tecidos púrpura, que adorava a Deus. Enquanto ela nos ouvia, o Senhor abriu seu coração, e ela aceitou o que Paulo estava dizendo. Ela foi batizada junto com outros membros de sua casa e nos convidou a sermos seus hóspedes. "Se você acredita que sou uma verdadeira crente no Senhor", ela disse, "venha e fique na minha casa". E insistiu até que concordássemos.

Um dia, quando descíamos para o lugar de oração, encontramos uma escrava que estava possuída pelo demônio. Era uma adivinha que ganhava muito dinheiro para seus donos. Ela seguiu Paulo e todos nós, gritando: "Estes homens são servos do Deus Altíssimo e vieram para lhes dizer como serem salvos".

Isso continuou dias, até que Paulo ficou tão exasperado que se virou e disse ao demônio que habitava dentro dela: "Ordeno-te em nome de Jesus Cristo que saias dela". E instantaneamente ele a deixou.

Vendo suas esperanças de riqueza destruídas, seus donos então agarraram Paulo e Silas e os arrastaram diante das autoridades do mercado. "A cidade inteira está em alvoroço por causa desses judeus!", eles gritaram para os oficiais da cidade. "Estão ensinando costumes cuja prática é ilegal para nós, romanos."

Uma multidão rapidamente se formou contra Paulo e Silas, e os oficiais da cidade ordenaram que eles fossem despidos e espancados. Depois de severamente espancados, eles foram jogados na prisão.

O carcereiro foi ordenado a certificar-se de que não escapariam. Então o carcereiro os colocou na masmorra interna e prendeu-lhes os pés em um tronco.

Por volta da meia-noite, Paulo e Silas estavam orando e cantando hinos a Deus, e os outros prisioneiros estavam ouvindo. De repente, houve um grande terremoto, e a prisão foi abalada em seus alicerces. Todas as portas imediatamente se abriram, e as correntes de todos os prisioneiros se soltaram! O carcereiro acordou e viu as portas da prisão escancaradas. Presumiu que os prisioneiros haviam escapado e então puxou sua espada com a intenção de se matar. Mas Paulo gritou para ele: "Pare! Não se mate! Estamos todos aqui".

O carcereiro pediu tochas, correu para o calabouço e caiu tremendo diante de Paulo e de Silas. Então perguntou: "Senhores, o que devo fazer para ser salvo?".

Eles responderam: "Creia no Senhor Jesus e você será salvo, junto com todos em sua casa". E compartilharam a palavra do Senhor com ele e com todos os que morava em sua casa. Mesmo àquela hora da noite, o carcereiro cuidou deles e lavou suas feridas. Então ele e todos em sua casa foram imediatamente batizados. Ele os levou para sua casa e serviu-lhes uma refeição, e ele e toda a sua família se alegraram porque todos acreditavam em Deus.

ATOS 16,1-2. 6. 9. 11-34

QUANDO ESTAVAM EM LISTRA, PAULO E SILAS ENCONTRARAM TIMÓTEO. DISCUTA ESSE ENCONTRO E OS RESULTADOS DELE.

POR QUE ELES VIAJARAM PARA A FRÍGIA E A GALÁCIA? POR QUE EVITARAM A ÁSIA?

DESCREVA O ENCONTRO EM FILIPOS.

O QUE LEVOU À PRISÃO DE PAULO E SILAS? COMO ELES DEMONSTRARAM SUA PAZ?

DISCUTA SOBRE O TERREMOTO E COMO OS DOIS MISSIONÁRIOS REAGIRAM A ELE.

QUAIS FORAM OS RESULTADOS DE SUA DISCIPLINADA REAÇÃO EM MEIO AO CAOS?

Descubra os caminhos de Deus para você

Como você lida com o inesperado?

____

____

____

____

Descreva um período em que Deus o manteve seguro.

____

____

____

____

Que "correntes" o mantinham preso?

____

____

____

____

Pare e pense

"Pois eu sei os planos que tenho para vocês", diz o Senhor. "São planos para o bem e não para o desastre, para lhes dar um futuro e uma esperança."

Jeremias 29,11

EM CONFLITO

BUSQUE A PALAVRA DE DEUS PARA A VERDADE

Silas viajou com Paulo e Pedro. Nesta história, ele lutou com a questão do celibato versus casamento em relação a servir Deus. As passagens a seguir podem lançar alguma luz sobre por que isso pode ter sido uma luta para Silas.

O apóstolo Paulo escreveu:

Agora, em relação às perguntas que você fez em sua carta. Sim, é bom viver uma vida celibatária. Mas, porque há muita imoralidade sexual, cada homem deve ter sua esposa, e cada mulher deve ter seu próprio marido.

Digo aos que não são casados e às viúvas que é melhor ficar solteiros, assim como eu. Mas, se não podem se controlar, devem se casar. É melhor casar do que arder de luxúria.

Cada um de vocês deve continuar a viver em qualquer situação em que o Senhor o colocou e permanecer como você era quando Deus o chamou.

Mas deixem-me dizer isto, queridos irmãos e irmãs: O tempo que nos resta é muito curto. Então, de agora em diante, aqueles que têm esposa não devem se concentrar apenas em seu casamento. Os que choram, ou se alegram, ou que compram coisas não devem se deixar absorver pelo choro, pela alegria ou pelas posses de suas companheiras.

Um homem solteiro pode gastar seu tempo fazendo o trabalho do Senhor e pensando em como agradá-lo. Mas um homem casado tem que pensar em suas responsabilidades terrenas e em como agradar sua esposa. Seus interesses estão divididos. Da mesma forma, uma mulher que não é mais casada ou nunca foi pode se devotar ao Senhor e ser santa no corpo e no espírito. Mas uma mulher casada tem que pensar nas responsabilidades terrenas e em como agradar ao marido. Estou falando isso em seu benefício, não para lhes impor restrições. Desejo que vocês façam tudo o que os ajudará a servir melhor ao Senhor, com o mínimo de distrações possível.

1 CORÍNTIOS 7,1-2. 8-9. 17. 29-30. 32-35

O QUE PAULO DISSE SOBRE O CASAMENTO? E SOBRE O CELIBATO?

QUE RAZÕES PAULO APRESENTOU PARA NÃO ESTAR PREOCUPADO COM O CASAMENTO NAQUELA ÉPOCA?

Por que essas instruções deixaram Silas perplexo? Que "selo de aprovação", se houve algum, Paulo ofereceu?

O apóstolo Pedro escreveu:

Da mesma forma, você, esposa, deve aceitar a autoridade de seu marido. Então, mesmo que ele se recuse a obedecer às boas-novas, sua vida piedosa falará por si sem palavras. Ele será conquistado observando sua pureza e sua vida reverente.

Não se preocupe com a beleza exterior de penteados, joias caras ou roupas bonitas. Você deve vestir-se com a beleza que vem de dentro, a beleza imperecível de um espírito suave e tranquilo, que é tão precioso para Deus.

Da mesma forma, você, marido, deve honrar sua esposa. Trate-a com compreensão enquanto viverem juntos. Ela pode ser mais fraca do que você, mas é sua igual na dádiva de Deus de uma nova vida. Trate-a como deve para que suas orações não sejam impedidas.

Escrevi e enviei esta breve carta com a ajuda de Silas, a quem recomendo como um irmão fiel. Meu propósito ao escrever é encorajar você e assegurar-lhe que o que está experimentando é realmente parte da graça de Deus para você. Fique firme nesta graça.

1 Pedro 3,1-4. 7. 5,12

Discuta a visão de Pedro sobre uma esposa piedosa.

Como Pedro via o papel de uma esposa? Como o tratamento de um marido à esposa o afeta?

O que Pedro pensava de Silas? Que encorajamento ele ofereceu?

Encontre os caminhos de Deus para você

Como você vê seu lugar na vida? Que papéis você tem em vários relacionamentos ou organizações?

Como Deus está falando com você sobre seus relacionamentos pessoais? Seja específico.

Você usa sua posição/função para promover ou atrapalhar os outros? Ou para restringir ou encorajar aqueles que estão a seu redor?

____

____

____

____

Pare e pense

Finalmente, todos vocês devem estar de acordo. Simpatizar uns com os outros. Amar uns aos outros como irmãos e irmãs. Sejam compassivos e mantenham uma atitude humilde.

1 Pedro 3,8

CONFESSOS

BUSQUE A PALAVRA DE DEUS PARA A VERDADE

Leia a seguinte passagem:

Certa vez, um líder religioso fez a Jesus esta pergunta: "Bom Mestre, o que devo fazer para herdar a vida eterna?".

"Por que você me chama de bom?", Jesus lhe perguntou. "Só Deus é realmente bom. Mas, para responder à sua pergunta, você deve conhecer os mandamentos: 'Não cometa adultério. Não mate. Não roube. Não preste falso testemunho. Honre seu pai e sua mãe'.

O homem respondeu: "Obedeci a todos esses mandamentos desde que eu era jovem".

Quando Jesus ouviu essa resposta, ele disse: "Ainda há uma coisa que você não fez. Venda todos os seus bens e dê o dinheiro aos pobres, e você terá um tesouro no céu. Então venha, siga-me".

Mas quando o homem ouviu isso, ficou muito triste, pois era muito rico.

Quando Jesus viu isso, disse: "Como é difícil para o rico entrar no Reino de Deus! Na verdade, é mais fácil um camelo passar pelo buraco de uma agulha do que um rico entrar no Reino de Deus!"

Aqueles que ouviram isso disseram: "Então quem no mundo pode ser salvo?".

Ele respondeu: "O que é impossível para as pessoas é possível para Deus".

Pedro disse: "Saímos de nossas casas para segui-lo".

"Sim", respondeu Jesus, "e asseguro-lhes que todos que abandonaram casa, esposa, irmãos, pais ou filhos por causa do Reino de Deus, serão recompensados muitas vezes nesta vida e terão a vida eterna no mundo vindouro".

Lucas 18,18-30

Qual foi a primeira coisa que Jesus apontou para o jovem? Por quê?

____

____

____

____

Qual foi a segunda coisa que Jesus queria que o jovem fizesse? Como ele reagiu?

____

____

____

____

Que lição Jesus estava ensinando a seus discípulos? Como eles responderam?

____

____

____

____

O que você acha que Jesus quis dizer quando falou: "O que é impossível para as pessoas é possível para Deus"?

Como Jesus respondeu a Pedro? O que havia na resposta para Pedro e os outros discípulos?

Qual é a importância relativa das coisas e das pessoas na vida de Deus?

Encontre os caminhos de Deus para você

Que "armadilhas" em sua vida precisam ser removidas?

Como você responderá a Jesus? Quando?

Pare e pense

Que o Deus da paz vos santifique em tudo, e que todo o seu espírito, alma e corpo sejam mantidos sem culpa até que nosso Senhor Jesus Cristo volte. Deus vai fazer isso acontecer porque aquele que o chama é fiel.

1 Tessalonicenses 5,23-24

COMPROMETIDOS

Embora muitos dos detalhes desta história tenham sido ficcionalizados, sabemos que o Silas histórico era um homem rico, educado e talentoso. Era um respeitado líder da Igreja e profeta. Escolheu deliberadamente se comprometer com Cristo, deixar para trás seus bens materiais e se tornar colaborador e correspondente de Pedro e Paulo. Silas abraçou o papel de escriba, escrevendo as palavras de outros para promover o Reino de Deus. Escolheu servir em vez de ser servido. Aceitou o chamado de Deus na sua vida e promoveu as reivindicações de Jesus. E, ao fazê-lo, ganhou uma herança incorruptível.

Jesus era o único Filho de Deus. Deixou seu trono celestial, seu real sacerdócio e confortos reais, para vir à terra. Também escolheu comprometer-se – comprometer-se com o plano eterno de Deus para a salvação da humanidade. Jesus também é uma espécie de escriba. Escreve suas palavras em nosso coração. Ele é a Palavra Viva.

No princípio era a Palavra. Ela estava com Deus, e era Deus. No princípio ela existia com Deus. Todas as coisas foram feitas por intermédio dele; sem ele, nada do que existe teria sido feito. Nele estava a vida, e esta era a luz dos homens. A luz brilha nas trevas, e as trevas não podem extingui-la.

João 1, 1-5

Amado, você pode escolher deliberadamente se comprometer com Jesus e andar em sua luz.

SOBRE A AUTORA

Francine Rivers iniciou sua carreira literária na Universidade de Nevada, Reno, onde se formou bacharel em Letras, em Inglês, e Jornalismo. De 1976 a 1985, teve uma carreira literária de sucesso no mercado geral, e seus livros foram aclamados por leitores e críticos. Embora criada em um lar religioso, Francine só encontrou verdadeiramente Cristo mais tarde na vida, quando já era casada, mãe de três filhos e uma romancista estabelecida. Pouco depois de se tornar uma cristã renascida em 1986, Francine escreveu *Redeeming love* como sua declaração de fé. Publicado pela primeira vez pela Bantam Books, e depois relançado pela Multnomah Publishers em meados da década de 1990, essa releitura da história bíblica de Gomer e Oseias, ambientada na época da Corrida do Ouro na Califórnia, é hoje considerada por muitos uma obra clássica de ficção cristã. *Redeeming love* continua sendo um dos títulos mais vendidos da Christian Booksellers Association e ocupou um lugar na lista de best-sellers cristãos por quase uma década.

Desde *Redeeming love,* Francine publicou inúmeros romances com temas cristãos, todos best-sellers, e continuou a ganhar elogios da indústria e a lealdade de leitores em todo o mundo. Seus romances cristãos foram premiados ou indicados para vários prêmios, inclusive Rita Award, Christy

Award, ECPA Gold Medallion e Holt Medallion, conferidos a destacados talentos literários. Em 1997, depois de ganhar seu terceiro prêmio Rita de ficção inspiradora, Francine foi introduzida no Hall da Fama do Romancistas da América (Romance Writers' of America Hall of Fame). Os romances de Francine foram traduzidos para mais de vinte idiomas diferentes, e ela goza do status de best-seller em muitos países, como Alemanha, Holanda e África do Sul.

Francine e seu marido, Rick, moram no norte da Califórnia e aproveitam o tempo com seus três filhos adultos e todas as oportunidades de mimar seus quatro netos. Ela usa a escrita para se aproximar do Senhor, esperando que, por meio de seu trabalho, possa adorar e louvar a Jesus por tudo que ele fez e está fazendo em sua vida.